KB200996

나는 습관을
조금
바꾸기로
했다

BOKUTACHIHA SHUKANDE DEKITEIRU. ZOHOBAN by Fumio Sasaki

Copyright © Fumio Sasaki, 2022
All rights reserved.
Original Japanese paperback edition published by Chikumashobo Ltd.
Korean translation copyright © 2025 by Sam & Parkers Co., Ltd.
This Korean edition published by arrangement with Chikumashobo Ltd., Tokyo

사사키 후미오 지음
정지영 옮김

나는 습관을
조금
바꾸기로
했다

의지가 약해서
번번이 실패한다는
사람들을 위해

쌤앤파커스

사랑하는 한국 독자 여러분께

한국에서 이 책을 사랑해주신 덕분에 초판을 더욱 충실하게 다듬은 개정증보판을 출판하게 되었습니다. 저자로서 보다 완성도 높은 글을 이웃 나라에 전달할 수 있게 되어 매우 기쁩니다. 정말 감사합니다.

개정증보판에서 달라진 내용은 다음과 같습니다.

우선 논리적으로 이해하기 어려운 부분을 보다 깔끔하게 정리했습니다. 글을 쓰고 몇 년이 지나서 다시 읽어보니 서투른 부분이 있어 개선했습니다. 전체적으로 이해하기 쉬워졌다고 생각합니다.

그리고 습관을 들이기 위한 규칙을 5개 추가했습니다.

- 습관은 자신과의 약속이다
- 동기와 보상에는 여러 가지가 있다
- 매일 하지 않으면 서툴러진다
- 바로 100점을 매긴다
- 다른 사람의 습관과 타협한다

추가한 내용은 대체로 '습관을 계속하지 못했을 때도 자신을 인정해주는 것이 중요하다'는 것을 강조하고 있습니다. 또한 정보의 출처와 정확성을 중요시하여 출처와 인용을 명확히 했습니다.

이 책을 쓴 후 저는 자기계발서와 비즈니스 서적을 거의 읽지 않게 되었습니다. 자신을 격려하는 명언, 격언도 좋아했지만 그런 것들도 별로 필요하지 않아졌습니다. 의지에 의존하지 않고 습관화하여 꾸준히 실행할 수 있다면, 하고 싶은 것은 대부분 할 수 있기 때문입니다. 습관은 자기 계발을 넘어서는 것, 저편에 있는 것beyond이라는 말을 본 적이 있는데, 저도 깊이 공감합니다.

이 책에 쓴 내용은 언제까지나 낡아지지 않고, 그만두고 싶은 습관을 그만두고, 몸에 익히고 싶은 습관을 몸에 익히기 위해 지금도 크게 도움이 된다고 생각합니다. 그래도 개정증보판 후기에도 썼듯이 당시에는 어깨에 힘이 들어갔던 것 같기도 합니다. 전업 작가로 살아가기 위해서는 천재들을 따라잡아야 한다는 조바심이 있었습니다.

지금도 건강에 신경 쓰고 규칙적으로 생활하고 있습니다. 운동도 수면도 소중히 하고 있습니다. 술도 마시지 않은 지가 벌써 10년째입니다. 그래서 이전보다는 훨씬 편안한 생활을 하고 있습니다.

자신의 생활을 쾌적하게 개선해나가는 것은 중요하지만, 세상에는 어쩔 수 없이 그것이 어려운 사람들도 있습니다. 좋은 습관을 기르는 것은 일에도 가사에도 건강에도 큰 영향을 미치지만, 여러 가지 이유로 중단해버리기도 합니다.

여러분이 그만두고 싶은 습관을 그만두고 좋은 습관을 길러서 생활이 더욱 쾌적해지면 좋겠지만, 만약 그것이 이루어지지 않을 때에도 그런 자신을 좋아할 수 있기를 기원합니다.

사사키 후미오

차례

1장 의지력은 타고나는 걸까?

2장 습관이란 무엇인가?

3장 새로운 습관을 몸에 붙이는 55가지 방법

우리는 습관으로 이루어져 있다

중요한 것은 재능이 아니라 지속이다

중요한 것은 재능이 아니라 지속이다.
천재란 그저 계속 노력할 수 있는 사람을 말한다.
● 엘버트 허버드

저는 항상 스스로에게 재능이 없다고 생각했습니다. 무슨 일을 해도
진득하게 계속하지 못해서 운동에서든, 공부에서든 뚜렷한 결과를
남기지 못했기 때문입니다. 그러나 습관을 배우면서 생각이 바뀌었
습니다. 지금 나에게 재능이 있든 없든, 그것은 큰 문제가 아닙니다.
재능은 '주어지는 것'이 아니라 꾸준히 습관을 들여 '만들어가는 것'
이기 때문이죠.

예를 들어 사카구치 교헤라는 작가가 있습니다. 그는 일반적인 작가들과는 전혀 다른 단어를 조합해서 소설을 씁니다. 기타로 사람의 심금을 울리는 곡을 만들 수 있고, 현대 미술가 못지않은 그림도 그립니다. 최근에는 의자를 만들고 뜨개질까지 한다고 합니다. 어떻게 봐도 천재 같습니다.

하지만 그런 사카구치도 활동을 시작했을 때는 아버지에게 "넌 재능이 없으니 작가 같은 건 그만두라"는 말을 들었고, 남동생은 "못난 총알받이나 되겠네"라고 했다고 합니다. 그런 사카구치가 입버릇처럼 외는 말이 있습니다. "중요한 것은 재능이 아니라 지속이다."

확실히 야구선수 스즈키 이치로도, 작가 무라카미 하루키도, 자기 분야의 최전선에서 활약하는 사람들은 누구나 자신은 천재가 아니라고 합니다.

그런데도 우리가 매료되는 것은 언제나 천재의 이야기입니다. 분노로 재능에 눈을 뜨는 《드래곤볼》, 싸움만 하던 주인공이 갑자기 굉장한 점프력을 깨닫는 《슬램덩크》 같은 만화나 선택받은 사람이 돌연 자신의 능력을 발견하는 〈매트릭스〉 같은 할리우드 영화를 보고 열광합니다.

현실의 삶을 조금만 살아보면 재능은 이런 것과는 조금 다르다는 것을 알 수 있습니다. 천재들은 누구나 열심히 노력하고 있습니다.

하지만 다음으로 제 머릿속에는 이런 질문이 떠올랐습니다. '그

렇다면 나에게는 그 '노력을 계속할 수 있는 재능'이 없는 것은 아닐까?'

저는 '재능'과 '노력'이라는 단어도 잘못 사용되고 있다고 생각합니다. 재능은 하늘에서 주어진 것이 아니며, 노력은 이를 악물어야 할 만큼 괴로운 일이 아닙니다. 그 점을 '습관'이라는 주제로 명백히 밝히고 싶습니다. 그렇게 해서 재능과 노력을 좀 더 평범한 사람들의 손에 돌려주고 싶습니다. 그것은 한정된 사람만이 얻을 수 있는 것이 아니라, 배워서 습득할 수 있는 것입니다. 이 책의 내용을 간단히 정리하자면 다음과 같습니다.

- 재능은 '주어지는 것'이 아니라 노력을 거듭한 끝에 '만들어지는 것' 이다.
- 노력은 '습관'을 만들면 계속할 수 있다.
- 습관을 익히는 방법은 배울 수 있다.

저는 전작 《나는 단순하게 살기로 했다》를 쓰면서 돈과 물건의 콤플렉스에서 해방되었고, 이 책을 쓰면서는 노력과 재능의 콤플렉스에서 벗어나려고 했습니다.

아무래도 이 책은 저에게 있어 마지막 자기계발이 될 것 같습니다. 자, 마지막 준비를 시작해보겠습니다.

이 책을 읽는 방법

습관을 들이는 것이 그렇듯이 이 책 역시 처음이 가장 어렵습니다. 그래서 빨리 나쁜 습관을 버리고 좋은 습관을 새로 만드는 방법만 알고 싶은 사람은 3장만 읽어도 충분합니다.

1장에서 생각하는 것은 '의지력'의 문제입니다. 어떤 습관을 익히고 싶어도 작심삼일이 되는 경우가 많습니다. 그리고 사람들은 그 이유를 '나는 의지력이 약해서'라고 말하기도 하죠. 약하거나 강하다고 표현되는 이 '의지력'이란 도대체 어떤 것일까를 생각해봅니다.

2장에서 생각하는 것은 '습관이란 무엇인가' 하는 것입니다. 그리고 '의식'의 문제를 살펴봅니다. 저에게 습관이란 '별로 생각하지 않고 하는 행동', 즉 우리가 자신의 마음이라고 생각하는 '의식'을 불러일으키지 않고 취하는 행동입니다.

3장에서는 실제로 원하는 습관을 만들기 위한 단계를 55가지로 나누어 설명합니다. 나쁜 습관을 버리거나 새로운 습관을 만들 때, 어떤 경우든 모두 참고할 수 있습니다. 습관에 관한 책은 많지만 그 핵심을 한 권으로 정리했습니다.

4장에서는 습관을 배우면서 알게 된 '노력'과 '재능'이라는 단어의 의미를 다시 써봅니다. 그리고 제가 습관을 실천하면서 느낀 습관의 가능성에 대해 이야기합니다. 습관은 단순히 목표 달성을 넘어 더 깊은 의미가 있습니다.

습관은 제2의 천성이다.
습관이 천성보다
10배는 더 힘이 세다.

웰링턴 경

1장

의지력은
타고나는 걸까?

ARE WE BORN WITH WILLPOWER?

내가 하루를 보내는 방법

"나는 내가 되고 싶었던 그대로의 인간이다."

이런 멋진 말을 한 사람은 제가 가장 좋아하는 영화감독 클린트 이스트우드Clint Eastwood입니다. 저는 도저히 할 수 없는 말이지만 그래도 지금의 저는 예전의 제가 보내고 싶다고 생각했던 대로 하루하루를 보내고 있습니다. 아침에 일어나서부터 평균적인 저의 하루를 소개하겠습니다.

나의 하루 일과

05:00 기상→요가

05:30 명상

06:00 원고 쓰기 또는 블로그에 글쓰기

07:00 청소→샤워→빨래→아침 식사→도시락 만들기

08:00 일기 쓰기→영어 말하기 공부→뉴스 및 SNS

09:10 파워냅(전략적인 두 번째 잠)

09:30 도서관으로 '출근'

11:30 점심 식사

14:30 도서관에서 '퇴근'

15:00 파워냅

15:30 헬스장

17:30 마트에서 장보기, 이메일 답장, SNS

18:00 저녁 식사 후 영화 보기

21:00 요가매트를 꺼내 스트레칭

21:30 취침

주말이나 공휴일에도 거의 비슷한 하루를 보냅니다. 친구들을 만나거나, 행사가 있거나, 여행처럼 특별한 일정이 있을 때만 쉬는 날입니다. 대개 일주일에 하루 정도 쉬는 편입니다. 저는 지금 46세이고 미혼으로 혼자 살고 있으며, 글을 쓰는 것을 직업으로 삼고 있습니다.

'독신이고 자유로운 프리랜서라면 누구나 그 정도 생활은 할 수 있다'고 생각할지도 모릅니다. 그러나 제가 그토록 갈망하던 자유와 시간을 얻었을 때의 상황은 지금과 완전히 달랐습니다.

한동안 은둔 생활을 즐기다

인간은 지붕을 고치는 일이든 무슨 일이든 모든 직업에 천부적으로 잘 맞는다. 다만 방 안에서 가만히 앉아 있는 것만이 맞지 않는다.

● **블레즈 파스칼**

2016년, 저는 다니던 출판사를 그만두고 프리랜서로 글 쓰는 일을 시작했습니다. 상여금과 퇴직금을 받은 직후라서 당분간 돈 걱정은 하지 않을 수 있었습니다. 매일 아무리 잠을 많이 자도 잔소리할 사람이 없었고, 매일 어디에 놀러 가든 자유였습니다. 편집자로서 눈코 뜰 새 없이 12년을 달려왔으니 한동안 느긋하게 지낸다고 벌을 받지는 않겠지, 그렇게 생각했습니다.

그래서 다이빙, 서핑, 마라톤 등 시간만 있으면 해보고 싶었던 버킷리스트에 다양하게 도전했습니다. 운전, 채소 기르기, 집 수리 등 새롭게 배운 일도 많았습니다. 도쿄에서 교토로 이사를 해서 낯선 간사이 지역을 둘러보는 시간도 즐거웠습니다.

이런 생활은 이상적인 상태처럼 보일 수도 있습니다. 복권에 당첨

되거나 은퇴하면 이런 식으로 살고 싶다고 생각하는 사람도 많을 것입니다. 하기 싫은 일은 하지 않고, 하고 싶은 일만 마음껏 하면서 말이에요.

전혀 즐겁지 않은 자유 시간

편집자 시절에는 점심을 먹은 뒤 잠깐의 휴식 시간에 책을 읽는 것이 큰 즐거움이었습니다. 그래서 일을 그만두면 즐거운 시간이 더 늘어날 줄 알았는데, 실제로는 달랐습니다. 하루 종일 언제라도 책을 읽을 수 있게 되자 오히려 선뜻 손이 잘 가지 않았습니다. 사람들은 '시간만 있으면 무슨 일이든 할 수 있다'고 착각하는데, '시간이 너무 많아서 할 수 없다'는 경우도 있습니다.

매일 해야 할 일을 찾아내는 것도 힘들었습니다. 잡다한 일을 찾아서 하고, 재밌어 보이는 곳을 찾아 놀러 다녔지만, 이내 그것도 지겨워졌습니다. 그렇게 멍하니 지내는 시간이 늘어났습니다. 스트레칭용 공을 천장에 던졌다가 받는 것, 최근에 잘하게 된 일은 그것뿐이었습니다. 어느 날은 한낮부터 집 근처 온천에 가서 몸을 담갔는데, 왠지 모르게 전혀 즐겁지 않다는 것을 깨달았습니다. 그도 그럴 것이 제게는 풀어야 할 스트레스도, 피로도 없었기 때문입니다.

한 연구에 따르면, 자유 시간이 하루 7시간 이상이면 오히려 행복도가 떨어진다고 합니다. 가슴에 와 닿았고, 정말 뼈저리게 동감합니다. 파스칼의 말처럼, 인간은 다른 동물과 달리 아무것도 하지 않고 가만히만 있을 수 없습니다. 시간적인 여유와 하고 싶은 일을 할 수 있는 자유는 행복의 조건 중 하나입니다. 그러나 그것도 지나치면 행복에서 멀어집니다.

불편함에서 벗어난 뒤에는 자유의 고통이 기다리고 있었습니다. 마하트마 간디 역시 "게으름은 기쁨일지 모르지만 괴로운 상태다. 행복해지려면 무언가를 하고 있어야 한다"고 말했습니다. 그의 말처럼 그 시간은 즐거웠지만 매우 괴로웠습니다. 처음 키운 채소는 전혀 자라지 않았습니다. 저는 그 채소가 어쩐지 제 모습 같다는 생각이 들었습니다.

흔히들 '좋아하는 일을 하라'고 말합니다. 분명 맞는 말입니다. 하지만 그것은 '편한 일만 하자'는 의미와는 전혀 다릅니다.

미니멀리즘이라는 안전망

그나마 위안이 된 것은 미니멀리즘을 실천하고 있었다는 점입니다. 집에 물건을 줄이고, 정리정돈과 청소하는 습관을 들였습니다. 마음과 방의 상태는 이어져 있습니다. 항상 깨끗한 방은 스스로가 우울함의 밑바닥까지 떨어지지 않도록 안전망이 되어주었습니다. 물건을 줄인 것은 정말 다행이었습니다.

이미 술을 끊은 것도 도움이 되었습니다. 술을 끊지 않았다면 저는 대낮부터 술에 취해 허전함을 달랬을 것입니다. 저에게 부족했던 것은 일상의 보람이었습니다. 스스로 성장하고 있다고 느낄 만한 일이 필요했습니다. 사실 제 자신도 알고 있었을 것입니다. 꾀병을 부려서 학교를 쉬면, 그것이 통한 순간에는 기쁘지만 마음이 점점 무거워집니다. 마찬가지로 일하기 싫을 때 화이트보드에 적당한 볼일을 써놓고 퇴근하는 것은 좋지만, 돌아오는 길에 자책감이 밀려왔던 적도 한두 번이 아니었습니다.

제가 미니멀리즘 다음으로 '습관'이라는 주제를 선택했다는 사실에 남다른 운명을 느낍니다. 이 주제가 없었다면 제 마음은 미니멀리스트가 되기 전의 황폐했던 모습으로 돌아갔을지도 모릅니다.

물론 제가 지금 하고 있는 습관은 독신에 프리랜서라는 자유로움을 살린 것이라, 여러분이 처한 상황은 다를 수 있습니다. 어린 자녀가 있다면 도저히 따라할 수 없다고 말할지도 모릅니다. 그러나 습관은 시간과 에너지가 많다고 해서 생기는 것이 아니라, 오히려 습관과 에너지가 습관을 방해하는 원인이 되기도 합니다. 제가 습관을 들이기 위해 고군분투하면서 배운 지혜가 업무나 육아로 바쁜 사람에게도 도움이 될 거라고 믿습니다.

마음껏 게으르게 살아도 만족하고 행복해 보이는 사람이 있습니다. 그런 사람들에게는 '더 좋은 습관을 길러라'라고 말하지 않아도 될 것 같기도 합니다. 하지만 대부분의 사람들에게는 자신의 삶에서 뭔가 고쳤으면 하는 부분이 있을 것입니다. 그런 분들에게 도움이 되었으면 좋겠습니다.

왜 새해 다짐은 항상 실패할까?

새해에 세우는 다짐, 저도 이제까지 모든 새해 다짐에 실패한 적이 있습니다.

- 일찍 일어나고 규칙적으로 생활한다.
- 방을 깨끗한 상태로 유지한다.
- 과식하지 않고 과음하지 않으며 적정 체중을 유지한다.
- 규칙적으로 운동한다.
- 공부나 일을 미루지 않고 바로바로 처리한다.

일찍 일어나기, 정리정돈, 식사, 운동, 공부와 일. 누구나 몸에 익히고 싶은 습관은 거의 비슷합니다. 문제는 그것이 왜 이렇게 어려운가 하는 것입니다.

여러분과 마찬가지로 저 역시 새해가 되면 매년 목표를 세웠습니다. 하지만 2002년에 실시한 어느 조사에 따르면, 새해 목표가 달성

될 가능성은 고작 4퍼센트에 불과했다고 합니다. 제 목표도 항상 달성되지 못한 96퍼센트 중 하나였고, 새해 다짐의 내용도 매년 같았습니다.

저는 매번 실패하는 이유가 계속 제 '의지가 약한 탓'이라고 생각했습니다. "나는 의지가 약해." 목표를 달성하지 못할 때 누구나 그렇게 말합니다. 세상에는 의지가 강한 사람과 약한 사람이 있다는 사고방식에서 비롯된 말입니다.

1장에서 생각하고자 하는 것은 이 '의지력'에 관한 것입니다. 누구나 말하지만 사실 그 정체가 잘 알려지지 않은 의지력. 그것은 도대체 무엇이며, 어떻게 작용하는지를 조금 복잡하지만 상세하게 검토해보려고 합니다.

애초에 좋은 습관을 만드는 것은 왜 어려울까요? 그것은 '눈앞에 있는 보상'과 '나중에 얻는 보상'이 모순되기 때문입니다.

모든 것은 '보상'과 '벌칙'이다

이 '보상'과 '벌칙'이라는 개념은 습관을 생각할 때 빠뜨릴 수 없는 주제이기 때문에 먼저 정리해보겠습니다.

- 맛있는 음식을 먹는다.

- 잠을 충분히 잔다.
- 돈을 번다.
- 좋아하는 사람이나 동료와 교류한다.
- SNS에서 '좋아요'를 받는다.

이것들은 전부 보상입니다. 단순히 '기분 좋은 일'이라고 생각하면 됩니다. 인간이 취하는 모든 행동은 어떤 보상을 얻기 위한 것으로 볼 수 있습니다. 문제는 그것이 모순될 수 있다는 점입니다.

눈앞에 놓인 과자를 먹는 일도 보상이지만, 과자의 유혹을 참아내고 건강한 몸과 원하는 몸매를 손에 넣는 일 또한 보상입니다. 과식을 한 탓에 살이 찌거나 병에 걸리는 일은 벌칙이라고 할 수 있습니다. 눈앞의 보상만 즐기다 보면 미래의 보상을 얻을 수 없을뿐더러 언젠가 벌칙을 받게 됩니다.

사람들은 자신이 해야 할 행동 자체는 알고 있습니다.

- 음식을 먹고 싶은 욕구를 참고 살을 뺀다.
- 빈둥거리지 말고 운동을 한다.
- 밤늦게까지 놀지 말고 수면 시간을 제대로 확보한다.
- 스마트폰이나 게임하는 시간을 줄이고 공부나 일을 한다.

하지만 이것이 쉽지 않습니다. 아침에 일찍 일어나면 여유롭게 준비해서 붐비지 않는 전철을 탈 수 있는데(보상), 눈앞의 '5분만 더 자자' (보상)는 유혹을 이기지 못하고 알람을 끄고 맙니다. '이걸 마시면 내일 숙취에 시달릴 텐데'(벌칙)라는 것을 알면서도 손에 든 와인(보상)을 내려놓지 못합니다. 숙제나 업무를 뒤로 미루면 나중에 후회할 것(벌칙)을 알고 있으면서도 스마트폰이나 게임(보상)을 계속합니다.

좋은 습관을 들이지 못하는 까닭은 사람이 눈앞의 보상에 어쩔 수 없이 굴복하기 때문입니다. 눈앞에 보상이 어른거려도 나중에 더 큰 보상을 얻거나 벌칙을 피하고자 그것을 거절하는 사람에게 우리는 '의지가 강하다'고 하는데, 과연 그럴까요?

오늘 사과 1개와 내일 사과 2개

학교에서 돌아온 아이가 엄마에게 이런 말을 들었다면 어떻게 생각할까요?

"어서 와! 놀러 나가기 전에 숙제를 먼저 하면 '1년 후'에 케이크를 줄게."

이런 말을 들으면 누구라도 숙제를 하지 않고 친구들이 기다리는 놀이터로 뛰어가버리지 않을까요?

이 문제를 생각하기 위해 행동경제학자 리처드 탈러 Richard H. Thaler는 실험에 사과를 사용했습니다. 여러분이라면 어떤 선택지를 고를지 한번 생각해보세요.

[질문 1]

ⓐ 1년 후에 사과 1개를 받는다.

ⓑ 1년이 지나고 그다음 날 사과 2개를 받는다.

이 질문을 받은 사람들은 대부분 ⓑ를 골랐습니다. 1년이나 기다렸으므로 하루를 더 기다리는 것은 힘들지 않고, 그렇게 해서 사과 2개를 받을 수 있다면 그쪽이 낫다고 판단했습니다. 하지만,

[질문 2]

ⓐ 오늘 사과 1개를 받는다.

ⓑ 내일 사과 2개를 받는다.

이렇게 되면 방금 전 질문 1에서 ⓑ를 선택한 사람이어도 ⓐ를 고르는 사람이 많아집니다. '하루만 기다리면 사과를 하나 더 받을 수 있다'는 보상에 필요한 행동은 1번 질문과 완전히 같은데, 왜인지 대답만 바뀌었습니다.

사과는 사람에 따라 호불호가 갈릴 수 있습니다. 아담처럼 사과에 끌리는 사람만 있는 것은 아니니까요. 그래서 누구나 좋아할 만한 돈으로도 실험이 이루어졌습니다. 정신과 의사 조지 아인슈타

인 George P. Einstein의 실험입니다.

　ⓐ 금요일에 현금 1,000엔을 받는다.
　ⓑ 다음 주 월요일(즉, 3일 후)에 25퍼센트 많은 현금 1,250엔을 받는다.

　흥미로운 것은 질문한 날이 금요일 이전이면 대부분의 사람들이 합리적으로 ⓑ를 고르는데, 당일인 금요일에 질문을 받으면 60퍼센트의 사람들이 마음을 바꾸어서 당장 받을 수 있는 낮은 액수의 현금 ⓐ를 고른다는 점입니다. 이 책을 읽고 있다면 냉정하게 ⓑ를 선택할 수 있을지도 모릅니다. 하지만 눈앞에 1,000엔짜리 지폐가 팔랑거린다면 어떨까요?

　1년 후에 받을 수 있는 사과 따위는 상상이 잘 되지 않고, 나와는 관계없는 기분이 들기 때문에 하루 더 기다리는 쪽을 고를 수 있습니다. 나중에 돌아오는 보상은 가치가 덜 느껴집니다. 이것은 보상뿐 아니라 벌칙도 마찬가지입니다. 여름방학 숙제를 꾸준히 하지 않으면 개학을 앞둔 8월이 되어서 안절부절못하겠지만, 7월의 나로서는 8월에 허둥지둥할 자신을 잘 상상하지 못합니다.

　담배를 피우면 폐암에 걸릴지도 모르고, 단것만 먹으면 당뇨병에 걸릴지도 모르지만, 먼 미래의 벌칙은 가볍게 추정할 수 있습니다. 그보다 당장의 니코틴이나 당분이 더 큰 가치를 가지는 것입니다.

쌍곡형 할인

질문 1

a

1년 후 사과 1개 받기

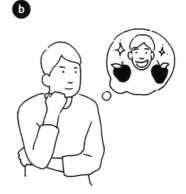

b

1년 하루 후 사과 2개 받기

질문 2

a

오늘 사과 1개 받기

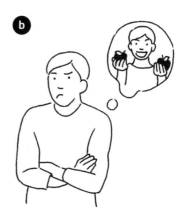

b

내일 사과 2개 받기

당장 눈앞의 보상이 커 보인다

이런 식으로 사람은 눈앞의 보상을 과대평가하고, 나중에 받을 보상이나 벌칙을 과소평가하는 성질이 있습니다. 행동경제학에서는 인간의 이러한 본성을 '쌍곡형 할인Hyperbolic Discounting'이라고 부릅니다. 사람은 컴퓨터처럼 합리적으로 가치를 판단할 수 없습니다. 눈앞에 놓인 사과는 지금 당장 먹고 싶고, 3일 후에 1,250엔을 받기보다 지금 당장 1,000엔을 갖고 싶습니다. 어쨌든 기다리기 싫은 것입니다.

그리고 보상이 아주 멀리 있으면 보상을 받기 위한 행동을 오늘 할 생각이 들지 않습니다. 눈앞에 있는 맛있는 음식을 참아도, 오늘 5킬로미터를 달려도 내일 체중 1킬로그램이 빠지지는 않습니다. 1킬로그램이 빠지는 것은 한 달 후일 수도 있고, 3개월 후일 수도 있습니다.

다이어트, 운동, 규칙적인 생활, 공부나 업무를 뒤로 미루지 않는 등 바람직한 습관을 들이는 것이 어려운 까닭은 이 쌍곡형 할인이라는 인간의 본성으로 설명할 수 있습니다.

나중에 받을 보상을
기다리지 못하는 이유

그렇다면 왜 쌍곡형 할인이라는 번거로운 사고방식이 사람의 내면에 중요하게 자리 잡고 있는 걸까요? 그것은 수렵과 채집을 하던 먼 옛날의 인간과 현대를 살아가는 인간의 사고에 아직 큰 차이가 없기 때문입니다. 인류 문명은 5,000년 정도에 불과하고, 이는 인류 역사의 0.2퍼센트에 지나지 않습니다. 그래서 인간 몸과 마음의 99퍼센트는 수렵생활에 적합하게 길들어져 있습니다. 종이 진화하려면 수만 년이 걸립니다. 따라서 우리는 아주 오래전에 유효했던 전략을 지금도 무의식중에 사용하고 있는 것입니다.

그 당시, 살아남기 위해 필요했던 것은 무엇보다도 먹이를 얻는 일이었습니다. 그런 시대에는 또 언제 얻을 수 있을지 모르는 음식을 발견하면, 발견한 즉시 먹는 것이 가장 좋은 방법이었을 것입니다.

그러나 현대는 사정이 전혀 다릅니다. 선진국일수록 대부분의 사람들은 먹는 것 자체에 큰 어려움을 겪지 않습니다. 마트나 편의점에는 칼로리가 높고 맛있는 음식이 넘쳐납니다. 지금 필요한 것은 그런 유혹을 가능한 한 피하면서 운동으로 쓸데없는 칼로리를 소비하는 일입니다. 그것이 병에 걸리지 않고 살아남기 위한 새로운 방법이 되었습니다.

사실 필요한 만큼 칼로리를 얻은 후에는 고양이처럼 잠을 자는 것이 가장 효율적일 것입니다. 그러나 인간은 고양이와는 달리 계속 잠만 자면 살아남을 수 없는 사회를 만들어버렸습니다. 각자가 하는 일이 고도로 전문화되었기 때문에 지루한 공부를 참아내야 하고, 어려운 자격시험에 도전해야 합니다. 잘하면 취업에 유리한 자격증을 따거나 고액의 연봉을 받을 수 있을지도 모릅니다.

당장 내일이라도 육식동물에게 공격받아 죽을지도 모르는 시대의 남성들은 연애를 즐기거나 독신 생활을 만끽할 여유 따위는 없었습니다. 자신을 받아주는 여성을 발견하면 재빨리 성관계를 맺어서 아이를 만드는 것이 효과적인 전략이었습니다. 그러나 현대에 그런 성급한 남성은 당연히 받아들여지지 않습니다.

사회라는 게임의 규칙은 '눈앞의 보상에 달려들지 않고, 멀리 있는 보상을 얻는 것'으로 바뀌었는데 플레이어들의 본성은 변하지 않았습니다. 그래서 쌍곡형 할인 같은 골치 아픈 현상이 일어나는 것입니다.

마시멜로를 먹을까? 말까?

그런데 이 새로운 게임 규칙에 발 빠르게 적응하는 사람들도 있습니다. 바람직한 습관을 유지하고 목표를 달성하기 위해 노력할 수 있는 '의지가 강한' 사람들입니다. 눈앞의 보상에 굴복하는 사람과 나중에 돌아올 보상을 기다리는 사람은 무엇이 다를까요?

이 문제에 관해 심리학자 월터 미셸Walter Mischel이 실시한 '마시멜로 실험'이 유명합니다. 마시멜로 실험은 이 책의 중심적인 주제 중 하나이므로 꼭 주목해주세요.

이 실험은 1960년대에 스탠퍼드대학교 빙 보육원에서 4, 5세의 아이들을 대상으로 이루어졌습니다. 먼저 마시멜로, 쿠키, 프레첼 등 과자 중에서 아이들에게 가장 먹고 싶은 것을 하나 고르게 했습니다. 그 과자(여기에서는 마시멜로를 대표로 꼽았습니다)를 아이들이 앉은 테이블 위에 하나씩 올려놓았습니다. 그리고 아이들에게 다음 선택지에서 고르게 했습니다. 아이들에게는 굉장히 혹독한 실험입니다.

ⓐ 눈앞의 마시멜로 1개를 바로 먹는다.
ⓑ 마시멜로 1개를 먹지 않고 연구원이 돌아올 때까지 최대 20분 동안 혼자 기다리면 마시멜로 2개를 받는다.

마시멜로 옆에는 벨이 놓여 있습니다. 먹고 싶은 마음을 참을 수 없으면 벨을 누르고 바로 마시멜로 1개를 먹을 수 있습니다. 연구원이 돌아올 때까지 자리를 뜨거나 마시멜로를 먹지 않으면 마시멜로 2개가 보상으로 주어집니다.

이 실험이 중요한 이유는 눈앞에 있는 보상에 유혹되지 않고 나중에 커다란 보상을 얻는, 즉 쌍곡형 할인에 굴하지 않는 습관을 들이는 데 필요한 기술이 응축되어 있기 때문입니다.

아이들은 마시멜로의 냄새를 황홀한 듯이 맡아보거나 베어 먹는 흉내를 내기도 했고, 손에 묻은 마시멜로 가루를 핥아 먹으면서 기다렸습니다. 마시멜로를 계속 쳐다보던 아이들은 대개 실패했습니다. 한 입만 베어 무는 것을 허용하는 순간 더는 멈추지 못했습니다. 먹고 싶은 것을 먹을 수 없는 딜레마 앞에서 이마에 손을 얹고 고민하는 모습은 어른들이 고민하는 모습과 다르지 않았습니다.

실험에서 아이들이 기다린 시간은 평균 6분으로, 아이들의 3분의 2가 기다리지 못하고 눈앞에 있는 마시멜로 1개를 먹고 말았습니다. 남은 3분의 1은 기다려서 2개의 마시멜로를 손에 넣었습니다.

마시멜로 실험으로
미래를 예측할 수 있을까?

이 실험이 재밌는 점은 이제부터입니다. 마시멜로 실험을 받은 아이들을 수년간 추적 조사한 결과 놀라운 사실이 밝혀졌습니다. 유치원생 때 마시멜로를 기다린 시간이 길수록 SAT(미국의 대학입학 자격시험)에서 높은 점수를 받은 것입니다. 15분 동안 기다린 아이들은 30초 만에 탈락한 아이들과 비교해서 SAT 성적이 210점이나 높았다고

마시멜로 실험

마시멜로 1개를 바로 먹어 버린 아이

눈앞에 있는 마시멜로를 먹지 않고 기다려서
마시멜로 2개를 얻은 아이

성인

성적이 좋지 않고 BMI가 높으며,
약물 남용 가능성도 있었다.

시험 성적이 좋았고
건강하며 대인관계도 좋았다.

합니다.

끝까지 기다린 아이는 친구들과 교사에게 호감을 받았고, 더 높은 급여를 받는 직업을 얻었습니다. 중년이 되어서도 살이 덜 찌고 BMI(체중을 신장의 제곱으로 나눈 값으로, 비만도를 측정하는 방법 – 옮긴이)가 더 낮았으며, 약물을 남용할 가능성도 적었습니다. 무서운 것은 4, 5세 때 받은 실험으로 그 아이가 이후 어떤 삶을 살게 될지 대강 예측할 수 있었다는 점입니다.

뉴질랜드에서는 1,000명의 아이를 태어난 뒤부터 32세까지 추적 조사했습니다. 결과는 마찬가지로, 자기 통제력이 높았던 아이들은 성인이 되어서도 비만율이 낮고, 성병에 걸린 사람도 적었으며, 치아상태 등 건강상태도 좋았습니다.

마시멜로 실험에서 생기는 의문

이 결과를 보고 가장 먼저 떠오른 생각은 '에이, 됐어'였습니다. '눈앞의 유혹을 뿌리치고 나중에 돌아올 보상을 얻는 능력은 태어날 때부터 정해져 있구나. 내가 습관을 들이지 못하는 이유를 알았어' 하고 포기하는 것입니다.

그러나 신선한 결과와는 모순되게 여러 가지 의문이 솟아오르는 실험이었습니다. 제가 생각한 것은 다음 2가지 의문입니다.

① 기다린 아이들은 '의지력' 같은 것을 이용해서 눈앞에 놓인 마시멜로의 유혹을 뿌리쳤다고 생각할 수 있습니다. 그런 의지력이 있다면 그것은 어떻게 작용하는 것일까요? 많은 사람들이 말하듯이 '의지가 약해서' 바람직한 습관이 몸에 배지 않는 것이라면 의지력에 대한 이해가 습관에 대한 이해도 깊게 해줄 것입니다.

② 그 '의지력'은 4, 5세에 이미 정해져 있고, 나중에 습득할 수는 없는 것일까요?

의지력은 사용하면 줄어들까?
- 래디시 실험

먼저 ①에 대해 생각해보겠습니다. 아이들이 눈앞의 유혹을 뿌리치는 데 사용한 것으로 보이는 의지력은 어떻게 작용할까요?

의지력의 문제를 생각할 때 '래디시 radish, 무 실험'이 가장 유명합니다. 심리학자 로이 바우마이스터 Roy Baumeister가 초코칩 쿠키와 무를 이용해서 실시한 실험입니다. 배가 고픈 대학생들을 쿠키와 무를 올려둔 테이블 앞에 앉혔습니다. 방 안에는 갓 구운 쿠키의 달콤한 향기가 가득했습니다.

학생들은 세 그룹으로 나뉘었습니다.

@ 초코칩 쿠키를 먹어도 되는 그룹

ⓑ 무만 먹어야 하는 그룹

ⓒ 공복 상태로 아무것도 먹을 수 없는 그룹

ⓑ 그룹에게는 애석하게도 '쿠키는 다음 실험에서 사용할 것이니 무만 먹어야 한다'고 했습니다. 그룹 안에서 쿠키를 먹은 사람은 없었지만, 냄새를 맡거나 실수로 쿠키를 바닥에 떨어뜨리는 사람은 있었습니다. 쿠키에 유혹된 것은 명백해 보입니다.

다음으로 학생들은 각자 다른 방에서 도형 퍼즐을 풀도록 지시받았습니다. 이 퍼즐은 심술궂게도 풀리지 않게 만들어져 있었습니다. 확인하려던 것은 퍼즐을 풀기 위한 지능이 아니라, 그들이 '어려운 과제를 포기하는 데 시간이 얼마나 걸리는지'였습니다.

쿠키를 먹은 @ 그룹 학생들과 아무것도 먹지 못한 ⓒ 그룹 학생들은 평균 20분 동안 퍼즐에 몰두했습니다. 반면에 쿠키를 먹지 못하고 참아야 했던 ⓑ 그룹은 평균 8분밖에 퍼즐을 풀지 못하고 포기했습니다.

이 실험은 오랫동안 이런 식으로 해석되었습니다. 무만 먹을 수 있었던 그룹은 진짜 먹고 싶은 쿠키를 참느라 이미 상당한 의지력을 사용했습니다. 그래서 계속해서 의지력이 필요한 난해한 퍼즐은 도중에 포기하고 말았다는 것입니다. 결국 의지력은 마치 '한정된 자원'과 같아서 사용하면 할수록 '줄어든다'고 생각한 것입니다.

의지력이 유한하다는 것은 어렵지 않은 발상입니다. 한계가 정해져 있는 정신력의 힘, 예를 들어 RPG Roll-Playing Game에서 마법을 사용하기 위해 소비하는 MP Magic Point로 상상해볼 수도 있고, RPG에 익숙하지 않다면 자동차에 들어가는 휘발유를 생각해도 좋습니다. 자동차가 달리면 달릴수록 줄어드는 것이죠.

이것은 우리가 일상에서 무심코 하고 있는 행동을 완벽히 뒷받침하는 것 같습니다. 회사에서 야근이 이어지면 퇴근길에 편의점에 들러 과자나 단것을 사 먹거나 술을 잔뜩 마시기도 합니다. 그럴 때는 다른 사람의 사소한 행동에도 쉽게 화가 납니다.

호주의 심리학자 메건 오튼 Megan Oaten과 켄 청 Ken Cheng의 실험에 따르면, 시험기간에 스트레스를 받은 학생들은 운동을 하지 않았고, 담배나 정크푸드 소비량이 증가했으며, 양치질이나 면도도 소홀히 했다고 합니다. 늦잠을 자거나 충동구매를 하는 횟수도 늘어나는 모습을 보였습니다.

누구나 이런 경험이 있을 것입니다. 적어도 저는 이런 적이 많았습니다. 이런 정보들을 통해 확실히 의지력은 '줄어든다'고 생각할 수 있습니다. 복잡한 계산이나 창의적인 일 등 어려운 일을 오랫동안 계속하는 건 누구도 할 수 없는 일입니다. 어느 지점에서 에너지는 분명히 고갈되고 휴식과 수면이 필요해집니다.

왜 마지막 아이스크림도
참지 못했을까?

'의지력은 결국 혈당치의 문제 아니야?'라고 생각하는 사람도 있었습니다. 그래서 설탕으로 단맛을 낸 진짜 레모네이드와 인공감미료를 사용한 가짜 레모네이드를 이용한 실험으로 이 가설을 확인했습니다. 가짜 레모네이드를 마신 그룹은 혈당치가 올라가지 않았고, 의지력 실험에도 실패했습니다. 분명히 배가 너무 고프면 아무 의욕도 나지 않는 법입니다.

그러나 이렇게 의지력을 단순히 사용하면 줄어드는 에너지나 혈당치의 문제로만 생각해도 될까요? 저는 그렇게 생각하지 않습니다. 이런 실험만으로는 제대로 설명할 수 없는 부분이 너무 많기 때문입니다.

예를 들어 제 일기에는 '라면을 먹었더니→감자칩을 먹어버렸다→참았던 아이스크림까지 먹고 말았다'라는 기록이 여러 번 남아 있습니다. '이미 라면을 먹어버려서 결심이 무너졌으므로 감자칩을 먹든 아이스크림을 먹든 마찬가지다!'라는 식입니다. 폭음이나 폭식은 이런 과정으로 일어나곤 합니다.

라면도, 감자칩도 참지 못했으니 의지력은 사용하지 않았을 테고, 혈당치도 잔뜩 올라갔을 것입니다. 그렇게 소중하게 회복한 의지력으로 왜 마지막 아이스크림을 참지 못했을까요?

헬스장에서 운동하고 돌아오는 길에는 배도 고프고 의지력도 바닥났을 텐데, 그럴 때는 마트에 들러도 감자칩이나 콜라에 손이 가지 않습니다. 오히려 건강에 해로운 음식에 손을 대는 날은 '오늘만큼은 헬스장에 꼭 가야지' 하고 마음먹었으면서도 이런저런 핑계로 막상 가지 못한 날입니다.

'하지 않아서'
줄어드는 의지력도 있다

의지력이 쓰면 줄어드는 에너지 같은 것이라면, 그것을 최대한 소중하게 보관하는 것이 효과적인 전략일 수 있습니다. 《슬램덩크》의 서태웅이 농구시합에서 전반전을 버리고 후반전에 집중한 것과 같은 이치입니다.

하지만 그렇다면 아침에는 실컷 늦잠을 자고, 회의에는 지각하기 직전에 도착하는 것이 의지력의 효과적인 사용법이라는 이야기가 됩니다. 게으름을 피우는 동료를 보고 '혹시 저 사람… 오전을 버린 건가?' 하고 생각해본 적이 있나요? 오전에 게으른 사람은 오후에도 계속 게으르게 마련입니다.

저는 일단 아침에 제시간에 일어나지 못하면 그 후의 업무와 이어지는 운동에 제대로 집중할 수 없는 경우가 많습니다. 해야 할 일을 하지 못했다는 후회 때문에 그다음에 해야 할 일이 손에 잡히지 않기도 합니다. 즉, 무언가를 해서가 아니라 '무언가를 하지 않아서' 의지력이 떨어지는 것입니다.

의지력을 갉아먹는
'불안'이라는 감정

이렇게 무언가를 하지 않아서 잃어버리는 것은 감정, 그중에서도 특히 '자기긍정감'입니다. 폭음이나 폭식을 하면 혈당치는 올라가지만 '후회'라는 감정이 생겨납니다. 자신이 정한 습관을 지키지 못했을 때도 마찬가지이며, 자기부정감이 생겨납니다.

감정과 자기긍정감을 키워드로 생각하면 여러 가지 수수께끼가 풀립니다. 마라톤에서는 길가에서 응원해주는 사람들과 하이파이브를 할 때가 있습니다. 후반부에 접어들면 무릎이 아파서 '이제 한계다'라는 생각이 드는데, 열심히 응원해주는 아이들과 하이파이브를 하면 조금 더 힘을 낼 수 있습니다. 누군가가 나를 응원해주고 있다는 긍정감에서 의지력이 회복되는 것입니다.

앞서 설명한 레모네이드 실험에는 이런 변형도 있습니다. 레모네이드를 마시지 않고 입에 머금었다가 바로 뱉어내게 해도 의지력이 회복되었습니다. 입에 머금기만 한 레모네이드도 아마 하이파이브와 비슷한 작용을 하는 것 같습니다. 그것만으로 에너지나 당분이 보충되었을 리는 없습니다. 그저 기분이 좋아지는 약간의 보상을 받은 것입니다.

불안을 잠재우는 호르몬

레모네이드를 입에 머금거나 하이파이브를 해서 생겨난 기쁨의 감정은 의지력을 회복시킵니다. 반대로 의지력을 떨어뜨리는 부정적인 감정은 자기부정과 불안입니다.

습관을 들이기로 마음먹은 일을 해내지 못하면 자기부정과 불안이 생겨납니다. 그러면 의지력을 잃고 다음 과제에 몰두하지 못하는 악순환에 빠지게 됩니다.

이를 뒷받침하는 '세로토닌serotonin 실험'이 있습니다. 세로토닌은 교감신경과 부교감신경의 균형을 맞추고 마음을 안정적인 상태로 유지하는 호르몬입니다. 이것이 제대로 작용하지 않으면 사람은 불안감을 느낍니다. 실제로 우울증 환자의 뇌 속에서는 이 세로토닌이 활성화되지 않는다고 알려져 있습니다.

사람의 뇌에서 세로토닌을 일시적으로 증감시킨 실험에 따르면, 세로토닌이 부족할 때 사람들은 눈앞의 보상을 받으려 하고, 세로토닌이 많으면 나중에 받을 보상을 기다린다고 합니다. 세로토닌이 부족해서 불안한 상태가 되면 의지력이 사라져 바람직한 습관을 만드는 데 방해가 된다는 뜻입니다.

소모되는 것은 의지력이 아니라
감정이다

래디시 실험도 이러한 감정이나 자기긍정감의 측면에서 보면 다른 식으로 해석할 수 있습니다. 눈앞에 달콤한 냄새가 나는 초코칩 쿠키가 있는데 '당신은 먹을 수 없다'는 말을 들었다고 생각해보세요. 자신이 존중받지 못하는 것처럼 느껴지거나 슬퍼지지 않을까요? 래디시 실험에서 손상된 것은 의지력이 아니라 이런 자기긍정감이 아닐까요?

일이 바쁠 때는 편의점에서 산 음식으로 간단히 끼니를 때우기도 합니다. 번거로운 요리를 하지 않았으니 의지력은 지켜졌을 텐데 어쩐지 서글픈 느낌이 듭니다. 그것은 맛이나 영양의 문제가 아니라 스스로를 소중하게 대하지 못했다고 느끼기 때문이 아닐까요?

바쁠 때일수록 정리정돈에 신경을 쓰는 것도 마찬가지입니다. 일이 바쁠수록 방은 더 어질러지게 마련인데, 이는 무심코 '지금은 그럴 시간이 없어!'라고 생각하기 때문입니다. 그러나 실제로는 청소를 하면 더 효과적으로 일에 열중할 수 있습니다. 청소를 하고 나서

의 성취감으로 의지력이 강해지기 때문입니다.

즐거운 기분이라면
마시멜로도 기다릴 수 있다

마시멜로 실험도 받을 때의 감정에 따라 결과가 달라집니다. 즐거운 생각을 하면서 기다리라고 지시를 받은 아이는 그렇지 않은 아이보다 3배 가까이 더 오래 기다렸습니다. 반대로 슬픈 일을 생각하면서 기다리라는 지시를 받은 아이들은 기다린 시간이 줄어들었습니다.

이와 관련하여 심리학자 팀 에드워드 하트Tim Edward-Hart가 진행한 실험이 있습니다. 그는 사람들을 두 그룹으로 나누어 작업을 하기 전에 영화를 보여주었습니다.

ⓐ 웃긴 영화를 보여준다.
ⓑ 슬픈 영화를 보여준다.

이 실험에 따르면, ⓐ 그룹은 ⓑ 그룹보다 작업 효율이 20퍼센트 이상 높아졌습니다. 픽사에 미끄럼틀이 있고, 구글 사무실에 알록달록한 장난감이 가득해서 마치 회사를 어른들의 어린이집처럼 꾸며 놓은 것도 모두 이유가 있었던 것입니다.

뜨거운 시스템과 차가운 시스템

무언가 '할 수 없다'는 것은 불안과 부정적인 감정을 일으키고, 더 나아가 다음 과제를 해결할 동기부여도 일어나지 않습니다. 왜 이런 지독한 악순환이 반복되는 걸까요? 이를 이해하려면 사람의 뇌를 들여다볼 필요가 있습니다. 뇌는 진화를 통해 생긴 새로운 부분이 오래되고 원시적인 부분을 차례로 감싸고 있는 양파 같은 구조로 이루어져 있습니다. 그리고 많은 연구자들은 뇌에 2가지 시스템이 있다고 생각합니다.

① 본능적인 시스템: 반사적이며 속도가 빠르다. 감정이나 직감으로 판단하는 시스템. '오래된 뇌'인 대뇌변연계(limbic system), 선조체 (striatum)나 편도체(amygdala)가 담당한다.

② 이성적인 시스템: 반응 속도가 느리고 의식하지 않으면 작동하지 않는다. 생각하거나 상상하거나 계획할 수 있는 시스템. '새로운 뇌'이며 전두엽 등이 담당한다.

두 시스템에는 여러 가지 명칭이 있지만, 이 책에서는 마시멜로 실험의 월터 미셸에 따라 ①을 뜨거운 시스템, ②를 차가운 시스템이라고 부르겠습니다. 조금 복잡하지만 다음과 같은 이미지를 떠올리면 이해하기 쉬울 것입니다.

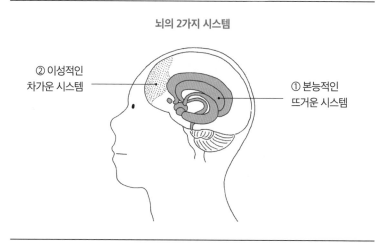

뇌의 2가지 시스템

② 이성적인
차가운 시스템

① 본능적인
뜨거운 시스템

　①의 뜨거운 시스템은 감정과 욕망에 사로잡혀서 뜨겁게 달아오른 이미지(마시멜로가 있네! 먹어버리자!),

　②의 차가운 시스템은 냉정하게 분석해서 대처하는 이미지(이것을 먹지 않으면 나중에 2개를 먹을 수 있어!)입니다.

　뜨거운 시스템과 차가운 시스템은 한쪽이 활성화되면 다른 한쪽은 활동을 줄여서 서로 보완하는 형태로 끊임없이 상호작용합니다.

스트레스로 폭주하는 뜨거운 시스템

불안하거나 부정적인 감정을 느끼면 본능적인 뜨거운 시스템이 활성화됩니다. 앞에서 말했듯이 인간의 신체 구조가 만들어진 것은 아주 오래전의 일입니다. 그 시절 스트레스의 원인은 대부분 먹을 것을 구할 수 있을지에 대한 불안이었을 것입니다. 그래서 스트레스를 받으면 일단 눈앞의 음식을 먹거나, 휴식을 취하거나, 게으름을 피우는 일이 효과적인 대처법이었겠지요.

하지만 현대에는 업무 스트레스를 조금 받았다고 해서 굶어야 할 정도로 위급한 상황이 찾아오지는 않습니다. 그럼에도 스트레스에 반응해서 나타나는 전략만큼은 예전과 같습니다.

그럴 때 본능이 고개를 듭니다. 칼로리를 더욱 많이 섭취하거나 싫은 일에서 도망쳐 눈앞의 보상을 취하는 것이 합리적이라고 인식하게 됩니다. 폭음, 폭식을 하거나 해야 할 과제를 미뤄버리는 것은 이런 식으로 설명할 수 있습니다.

차가운 시스템에 의한 냉각

차가운 시스템은 뜨거운 시스템의 폭주를 억제하는 역할을 합니다.

예를 들어보겠습니다. 비가 오는 날에 인도를 걷다가 맹렬한 속도로 달리는 자동차가 일으킨 물벼락을 맞았다고 합시다. 당연히 화를 내거나 소리를 지르고 싶을 것입니다. 이는 뜨거운 시스템에 의한 반응입니다. 그러나 차가운 시스템이 담당하는 '인지'가 그것을 억제합니다. 인지는 현실을 있는 그대로가 아니라 조금 다르게 보기 때문입니다.

'어쩌면 임산부가 갑자기 진통을 시작해서 서둘러 병원에 달려가는 중인지도 몰라.'

무례하게 운전하는 자동차도 이렇게 생각하면 분노가 가라앉습니다. 이를 월터 미셸은 차가운 시스템으로 인한 뜨거운 시스템 '냉각'이라고 부릅니다. 차가운 시스템과 뜨거운 시스템이 상호작용한다는 것은 이런 의미입니다.

의지력은 타고난 재능이다?

이제 마시멜로 실험에서 첫 번째 질문인 '의지력은 어떻게 작용하는가?'에 대한 답은 어느 정도 해소되었습니다. 요점은 의지력은 단순히 무언가를 한다고 해서 줄어드는 것이 아니라, 행위의 결과로 긍정적인 감정이나 자기긍정감을 얻을 수 있다면 오히려 증가한다는 것입니다.

마시멜로 실험에서 가장 마음에 걸리는 것은 역시 두 번째 의문입니다. 실험 결과로 이후 성적과 건강 상태까지 예측할 수 있는 것으로 볼 때, 의지력은 4, 5세에 이미 정해지는 것일까요?

월터 미셸에 따르면, 마시멜로 실험에서 2개의 마시멜로를 손에 넣은 아이들은 대부분 그 후 수십 년에 걸쳐 뛰어난 의지력을 발휘했다고 합니다. 그러나 그것은 어디까지나 '대부분'이었으며, 능력이 저하된 사람도 있었습니다. 그리고 마시멜로를 바로 먹은 아이 중 성장하면서 스스로 제어력을 키운 사람도 있었다고 합니다. 희망이 보입니다.

환경을 바꾸면 의지력도 바뀐다

먼저 짚고 넘어가야 할 것은 마시멜로 실험은 조건을 바꾸면 결과가 현저히 바뀐다는 점입니다. 진짜 마시멜로 대신 프로젝터로 마시멜로를 비추어 실험하니, 아이들은 약 2배 더 오래 기다릴 수 있었습니다. 마시멜로를 쟁반에 숨겨두었더니 기다리지 못했던 아이도 약 10배 더 오래 기다렸습니다.

요컨대 눈앞에서 진짜 마시멜로를 없앤 것만으로도 아이들은 더 오래 기다리게 된 것입니다. 원래 실험에서도 기다리는 데 성공한 아이들은 기다리는 동안 노래를 부르거나 우스꽝스러운 표정을 짓거나 피아노 치는 흉내를 내거나 눈을 감고 잠을 자기도 했습니다. 눈앞에 마시멜로가 있어도 유혹을 피하는 방법을 잘 알고 있었던 것입니다. 반대로 눈앞의 마시멜로를 계속 바라본 아이들은 대개 실패했습니다.

유혹당한 횟수의 문제가 아닐까?

그렇다면 이런 식으로 생각할 수 없을까요? 마시멜로 실험에서 기다리지 못했던 아이들은 의지력이 약해서가 아니라, 단순히 마시멜로에 유혹당한 '횟수'가 많았던 것은 아닐까요?

마시멜로를 기다리지 못하고 바로 먹어버린 아이는 계속 마시멜로를 바라보고 있었습니다. 기다리는 내내 몇 번이고 달콤하고 쫀득쫀득한 마시멜로의 맛을 상상하며 유혹에 빠졌을 것입니다.

실제로 '마시멜로를 생각하면서 기다리라'는 지시를 받은 아이들은 그리 오래 참지 못했습니다.

도파민의 장난

마시멜로를 계속 보면 실패합니다. 이것은 신경전달물질인 도파민dopamine이 어떤 의미에서 장난을 치고 있기 때문입니다. 도파민이라면 일반적으로 쾌감을 느낄 때 분비되는 신경전달물질이라고 알려져 있습니다. 맛있는 음식을 먹거나, 돈을 벌거나, 좋아하는 상대와 성관계를 할 때 분비됩니다. 그래서 사람들은 그 보상을 얻기 위해 행동한다, 그런 식으로 설명됩니다. 그러나 사실 도파민의 작용은 조금 더 복잡합니다.

신경학자 볼프람 슐츠Wolfram Schultz는 원숭이에게 다양한 보상을 주는 실험을 했습니다. 원숭이 혀에 과일주스를 한 방울 떨어뜨리자 도파민이 집중되는 선조체가 급격히 발화했습니다. 그러나 주스를 주기 전에 불빛 등으로 신호를 주면 도파민은 주스가 아니라 불빛에 반응했습니다. 행위 자체가 아니라 그 '예감'에 반응한 것입니다. 이것은 사람도 마찬가지이며, 여러 가지 사례에 적용할 수 있습니다.

메신저나 SNS를 할 때 설레는 것은 메시지 내용을 확인하는 순간이 아니라 애플리케이션에 빨간 알림이 나타났을 때가 아닐까요? 맥주도 그 자체가 아니라 맥주 캔을 따는 소리나 잔에 따르는 소리만 들어도 마음이 동해서 마시고 싶은 기분이 들지 않나요?

도파민에 관해서는 이런 실험도 있습니다. 쥐에게 도파민을 차단하는 약물을 주입했더니 아무리 맛있는 먹이를 주어도 먹으려고 하지 않고 굶어 죽었습니다. 도파민이 차단되면 '먹고 싶다'는 욕구 자체가 일어나지 않기 때문에 아무리 배가 고프고 맛있는 음식이 눈앞에 있어도 쥐는 먹지 않았습니다.

도파민은 이렇게 무언가를 '원한다'고 생각하게 해서 행동을 취하도록 동기를 부여하는 역할을 합니다. 사람은 원하기 때문에 행동을 하는데, 도파민이 미리 작용하지 않으면 원한다는 생각조차 하지 않게 되므로, 당연히 행동도 하지 않게 됩니다.

'인지'는 배울 수 있는 기술

눈앞의 마시멜로를 참지 못하고 먹어버린 아이들은 당연히 이전에도 마시멜로를 먹어본 적이 있을 것입니다. 그래서 눈앞에 놓인 마시멜로를 보기만 해도 씹었을 때의 쫀득쫀득한 느낌과 단맛을 상상할 수 있고, 이미 마시멜로를 먹었을 때와 같은 감각이 뇌에서 재생됩니다. 도파민이 작용해서 '먹고 싶다'는 욕구가 생겨나고 행동을 이끌어냅니다. 이런 유혹에 여러 번 노출되면 결국 참지 못하게 되는 것도 당연합니다.

그러니 마시멜로를 참기 위해서는 애초에 유혹을 당하지 않으면 됩니다. 마시멜로가 프로젝터로 비춘 가짜이거나 쟁반에 숨겨져 있을 때 아이들이 참을 수 있었던 것은 도파민의 동기부여 작용이 약해졌기 때문입니다. 진짜 마시멜로가 놓여 있을 때는 눈앞의 현실을 어떻게 인식하는지에 대한 차가운 시스템의 '인지'의 힘이 다음과 같이 도움이 되었습니다.

- 마시멜로를 '둥글고 통통한 구름'이라고 생각하도록 조언하자 2배 더 오래 기다렸다.
- 마시멜로를 '진짜가 아니다'라고 생각하도록 조언하자 평균 18분 더 오래 기다렸다.

마시멜로를 '구름'이라고 생각하면
2배 더 오래 기다릴 수 있었다.

이처럼 눈앞에 있는 마시멜로를 '그냥 구름이다, 가짜다'라고 인식하는 방식을 바꾸기만 해도 아이들은 더 오래 기다릴 수 있게 되었습니다. 이 역시 도파민의 동기부여 작용이 약해져 애초에 유혹당하는 횟수가 줄어든 것입니다.

원래 실험에서 기다리는 데 성공한 아이들은 아무도 가르쳐주지 않았는데도 마시멜로에서 주의를 돌렸습니다. 어쩌면 차가운 시스템의 인지능력이 더욱 뛰어났을지도 모릅니다.

그런데 이 인지는 요령(마시멜로를 진짜가 아니라고 생각하거나 둥근 구름이라고 상상하는 것)을 알려주면 다른 아이들도 금세 터득했습니다. 즉, 후천적으로 배울 수 있는 기술이라는 뜻입니다.

저는 단련할 수 있는 것이 있다면 의지력 같은 애매모호한 것이 아니라 이 인지능력이라고 생각합니다.

의지력이 강한 사람은
애초에 유혹당하지 않는다

눈앞의 보상에 유혹을 받았을 때, 이를 거부하는 강한 의지에 의존하거나 의지력을 키우려고 노력하는 대신, 애초에 유혹을 받지 않는 상태로 만드는 것, 유혹당하는 횟수를 줄이는 것도 중요해 보입니다.

독일에서 진행된 한 실험이 이 가설을 뒷받침합니다. 이 실험은 '사람은 하루에 얼마나 많은 유혹을 받는지'를 조사했습니다. 200명 이상의 피실험자에게 무선호출기를 착용하게 한 후, 하루 7번씩 무작위로 벨을 울렸습니다. 그리고 벨이 울린 순간이나 방금 전에 어떤 욕망을 느꼈는지 보고하게 했습니다. 그 결과, 사람은 하루에 4시간 정도 유혹을 느끼는 것으로 나타났습니다.

좀 더 자고 싶지만 일어나야 하고, 놀고 싶지만 일을 해야 하며, 맛있어 보이는 음식이 있지만 참아야 합니다. 눈앞의 마시멜로를 먹고 싶은 것처럼 사람은 하루 중 상당한 시간 동안 유혹에 노출되어 있었습니다.

이 실험에서 밝혀진 것은 의지력이 강하다고 생각한 사람들은 애초에 유혹에 저항하는 시간이 짧았다는 점입니다. 그들이 유혹을 몇 번이고 뿌리칠 수 있는 의지력이 강한 것이 아니라, 애초에 유혹당한 시간이나 횟수가 적었던 것입니다.

고민한다=의식이 깨어난다

무선호출기가 울렸을 때 자신이 느끼는 갈등을 보고한다는 것은 문제를 명확하게 '의식'한 상태에서 어떻게 풀어낼지 고민했다는 뜻입니다. 마라톤을 예로 들면, 순조롭게 달리는 동안에는 의식을 사용하지 않고 달릴 수 있습니다. 전 마라톤 선수인 후지와라 아라타는 "30킬로미터까지는 자고 있다"고 말했습니다. 아마 명상하는 상태와 비슷할 것입니다.

그러나 무릎이 아파지기 시작하면 그럴 수 없습니다. '앞으로 얼마나 남았지? 아직 10킬로미터나 남았구나', '그만 기권할까?', '몇 킬로미터 남았지? 아, 아까보다 500미터밖에 못 온 거야?' 이런 식으로 의식이 깨어날 때가 많습니다. 괴로움을 느낀 다음부터 체감 시간이 길게 느껴지는 것은 시간을 의식하는 횟수가 많아졌기 때문입니다.

저 역시 제대로 열중해서 글을 쓸 때는 시간을 잊어버립니다. 이

른바 '몰입 flow' 상태입니다. 그러나 논리가 이어지지 않거나 막히는 부분이 생기면 문득 정신이 들면서 그만 쓰고 싶어집니다. 그 횟수를 애플리케이션으로 세어본 적이 있는데, 대체로 10번 정도 막히면 결국 참지 못하고 도서관 의자를 박차고 나왔습니다. 의식이 몇 번이나 호출되면 '괴로운 일을 그만둔다'는 눈앞의 보상에 뛰어들게 되는 것입니다.

습관은
거의 생각하지 않고 하는 행동이다

눈앞의 보상에 유혹당하는 것은 매번 의식을 불러와 동전 던지기를 하는 것과 같습니다. 마시멜로 실험으로 동전을 던지면서 앞면이 나오면 '기다린다', 뒷면이 나오면 '먹는다'고 해봅시다. 운이 좋으면 몇 번은 기다릴 것입니다. 그러나 동전 던지기를 하는 횟수가 많아질수록 '먹는다'가 나올 확률도 높아져 원치 않는 행동을 하게 됩니다.

마시멜로를 기다리지 못한 것은 의지력이 약해서가 아닙니다. 단순히 동전을 던지는 횟수가 많았던 탓입니다. 그렇다면 대책은 동전을 던지지 않는 것, 즉 의식을 불러내지 않는 것이 아닐까요?

의식을 불러냈다는 것은 고민해야 할 문제가 눈앞에 있다는 뜻입니다. 예를 들어 100엔을 받을지, 1,000엔을 받을지 고민하는 사람은 없을 것입니다. 의식을 사용하지 않아도 즉시 결정할 수 있습니다. 사람들이 고민하는 것은 비슷한 가치를 눈앞에 두고 어느 쪽이 더 가치가 있는지 생각하는 순간입니다. 오늘 사과를 1개 받을지, 내일 사과를 2개 받을지, 눈앞에 있는 마시멜로를 먹을지 말지, 그럴 때 우리는 의식을 불러내 이리저리 고민합니다.

의식을 불러내지 않고 '거의 생각하지 않고 하는 행동', 저는 이것이 습관이라고 생각합니다. 그렇다면 사람이 고민할 때 불러내는 '의식'이란 무엇일까요? 어떻게 해야 사람은 의식을 사용하지 않고 행동해서 습관을 만들 수 있을까요? 다음 2장에서 자세히 알아보겠습니다.

- 사람은 눈앞의 보상을 크게 느끼고, 나중에 받을 보상이나 벌칙을 작게 평가하는 '쌍곡형 할인'이라는 본성이 있다. 그래서 바람직한 습관을 익히기 어렵다.

- 마시멜로 실험에서 눈앞에 있는 마시멜로를 먹지 않고 20분 동안 기다렸다가 마시멜로 2개를 얻은 아이는 성인이 된 후, 성적과 인간관계 등 모든 능력이 더 높았다.

- 의지력은 단순히 무언가를 한다고 해서 줄어드는 것이 아니다.

- 의지력은 감정에 좌우되고, 불안과 자기부정에 의해 손상된다. 의지력이 필요한 행동을 하더라도 자기긍정감을 느낄 수 있다면 의지력은 줄어들지 않고 오히려 증가하기도 한다.

- 인간의 뇌에는 이성적인 차가운 시스템과 본능적인 뜨거운 시스템이 있으며, 둘은 서로 상호작용한다.

- 차가운 시스템의 '인지력'으로 마시멜로를 구름이라고 생각하는 등 눈앞의 사건을 다르게 보면 뜨거운 시스템이 억제된다.

- 의지력이 '강하다'고 생각했던 사람은 애초에 유혹을 받고 있다는 '의식'조차 없었다.

- 의식이 호출되는 시점에서 어느 쪽의 보상이 더 큰지 고민해야 할 문제가 되어버린다.

- 습관이란 '거의 생각하지 않고 하는 행동'을 말한다. 행동이 습관이 되게 하려면 의식을 불러오는 일을 줄여야 한다.

2장

습관이란
무엇인가?

WHAT ARE HABITS?

우리 행동의 45퍼센트는 습관이다

습관 없이 어떤 일이든 끊임없이 우유부단함에 시달리는 사람만큼 비참한 사람은 없다. 그런 사람에게는 담배 한 대를 피우는 것도, 차 한 잔을 마시는 것도, 매일 일어나고 잠자리에 드는 시간도, 작은 일을 시작하는 것도 분명한 의지가 필요하다. 그런 사람들은 대부분의 시간을 결정하거나 후회하는 데 보낸다.

● 윌리엄 제임스

1장 마지막에 습관이란 '거의 생각하지 않고 하는 행동'이라고 했습니다. 습관이 되어 있는 상태라는 것은 의식을 거의 사용하지 않는, 한없이 무의식적인 행동에 가깝습니다. 그런 상태에서는 어떤 행위를 할 것인가에 대한 고민이나 결정, 어떤 방법을 택할 것인가에 대한 선택이 존재하지 않습니다. 고민, 선택, 결정, 그런 것은 전부 의식으로 하는 일이기 때문입니다.

듀크대학교의 연구에 따르면 우리의 행동 중 45퍼센트는 그 자리에서 결정한 것이 아니라 습관이라고 합니다. 그렇다면 갑자기 의문이 생깁니다. 우리는 점심에 카레와 라면 중 무엇을 먹을지, 휴일에어떤 영화를 볼지 등 모든 행동을 의식적으로 생각한 다음 선택하고 결정하고 있습니다. 습관이 거의 생각하지 않고 하는 행동이라면 45퍼센트는 너무 많은 비율인 것 같기도 합니다.

하지만 점심에 어느 가게에 들어갈지 고민하는 사람은 있어도, 술집에 가서 "일단 맥주부터 주세요"라고 주문하는 것을 신중하게 고민하는 사람은 별로 없다는 것을 떠올려봅시다.

아침에 일어난 후의 루틴

아침에 일어난 후에 하는 행동을 생각해봐도 좋겠습니다. 침대에서일어나 화장실에 가서 샤워를 합니다. 아침을 먹고, 양치질을 하고, 옷을 갈아입은 다음, 신발 끈을 묶고 밖으로 나갑니다. 각자 자신만의 방식이 정해져 있어서 아침에 일어나서의 행동은 마치 정해진 의식처럼 자연스럽게 흘러가지 않나요?

양치질을 할 때 치약을 얼마나 사용할지, 어느 쪽 이부터 닦을지고민하지 않습니다. '오늘은 신발 끈을 어떤 식으로 묶을까?'도 보통 생각하지 않습니다. 의식하지 않고도 할 수 있기 때문에 이런 아침 준비과정을 어렵다거나 노력한다고 생각하는 사람도 많지 않습니다. 대부분의 어른들에게 이런 일은 습관으로 굳어졌다고 할 수 있습니다.

하지만 어린아이에게 아침에 일어난 후 이런 일련의 행동들은 노력의 산물입니다. 화장실도 혼자 갈 수 없고, 이를 닦는 것도, 옷의 단추를 채우는 일도, 신발 끈을 묶는 일도 매번 벽에 가로막혀서 이를 모두 해내려면 굉장한 의지가 필요합니다. 그래서 외출 준비를 하다가 의지력을 다 써버려서 심통을 부리고 드러누워버리는 것인지도 모릅니다. 그러나 그것을 여러 번 반복하다 보면 자동적으로 해낼 수 있게 됩니다. 우리에게는 거의 무의식적인 동작이므로 아이들에게 그것이 왜 어려운지 잘 이해할 수 없습니다.

자전거 타는 법을
말로 설명할 수 있을까?

어른이 되어서도 물론 배워야 할 것은 있습니다. 저는 2017년에, 운전면허를 딴 지 18년 만에 운전을 다시 시작했습니다. 처음에는 운전석에 앉기만 해도 '안전벨트를 매고, 브레이크를 밟고, 자동차 열쇠를 돌리고, 사이드브레이크를 풀고, 기어를 P에서 D로 바꾸고…'

라고 순서를 하나하나 머릿속에 되뇌며 확인했습니다. 지금은 더 복잡한 수동변속 자동차를 타고 있지만, 아무 생각 없이 손과 발이 저절로 움직여서 이렇게 시동 거는 순서를 글로 설명하는 것이 더 어렵게 느껴질 정도입니다.

운전에 익숙하지 않던 시절에는 그 자체에 의식을 집중시켜야 하니 음악을 들으면서 운전하는 사람이 대단해 보였습니다. 그러나 지금은 저도 영어 듣기 교재를 들으며 운전은 '의식하지 않고' 할 수 있게 되었습니다.

운전을 하지 않는 사람이라도 자전거를 타는 사람이라면 페달을 밟는 순서나 몸의 균형을 유지하는 요령을 누군가에게 말로 설명하는 일이 더 어렵지 않은가요? 스마트폰을 다루는 데 익숙한 사람이라도 글자를 입력하는 방법을 손을 사용하지 않고 말로만 설명할 수 있을까요?

수면 상태에서 요리와 운전을 하는 사람들

어린 시절에는 달걀을 깨는 것도 무서워서 엄청나게 귀중한 물건을 다루는 것처럼 긴장했던 기억이 있습니다. 인생에서 처음으로 노른자를 깨뜨리지 않고 달걀프라이를 만들었을 때는 상당히 신경을 썼습니다. 기름은 얼마나 넣어야 할지, 불을 어느 정도 세기로 조절해야 하는지. 그러나 이제는 달걀프라이를 하거나 달걀을 삶을 때 레시피를 검색하지 않고, 거의 자동으로 손이 움직입니다.

저의 어머니는 다양한 요리를 만드시는데, 밥을 먹는 도중에도 이웃이 재료를 나눠주면 바로 요리를 해서 내오십니다. 요리책을 보는 일도 없고, 조미료를 계량하지도 않습니다. 식재료를 보면 무엇을 만들지 금방 떠오른다고 합니다. 그리고 어머니는 요리하는 것을 '귀찮다'고 생각한 적이 없다고 합니다. 귀찮다고 생각하는 것은 순서를 고민하기 때문이고, 그것은 의식이 작용한다는 증거입니다. 어머니는 거의 생각하지 않고 요리를 할 수 있기 때문에 귀찮다고 생각하지 않는 것입니다.

몽유병 환자는 깊게 잠드는 렘REM 수면 상태에서 본인도 모르는 사이에 요리를 하거나 운전을 하는 일이 있다고 합니다. 그리고 그 행동이 끝나도 그것을 기억하지 못합니다. 이때 뇌의 행동을 감시하는 부분은 잠들어 있지만, 복잡한 행동을 담당하는 부분은 활동하고 있습니다. 말하자면 의식이 없어도 사람은 복잡한 활동을 할 수 있다는 것입니다.

개미에게도 의식은 없을 테지만, 그들은 구멍을 파거나 흙을 나르며 언제나 열심히 일합니다. 개미에게 자기계발 서적은 필요 없습니다. 개미는 동기부여나 의지력에 의존하지 않아도 일할 수 있으니까요.

의식이란 '신문'과 같다

사람은 의식이 없어도 복잡한 행동을 할 수 있습니다. 하지만 우리가 평소에 '나'라고 생각하는 것은 의식이죠. 오늘 무엇을 먹을지 고민하고, 눈앞의 풍경이 아름답다고 생각하고, 다른 사람의 말이 거슬리고 신경이 쓰입니다. 사람의 의식이란 도대체 무엇일까요?

신경과학자 데이비드 이글먼David Eagleman은 《무의식은 어떻게 나를 설계하는가》(알에이치코리아, 2024)에서 사람의 의식을 신문에 비유했습니다.

다음과 같은 일들은 매일 일어납니다. 공장이 가동되고, 기업이 제품을 출하합니다. 경찰은 범죄자를 추적하고, 의사는 수술을 하며, 연인들은 데이트를 합니다. 전기는 전선을 따라 흐르고, 하수도는 오수를 운반합니다. 그러나 우리가 나라 안에서 일어나는 모든 일들을 파악할 수는 없고, 알고 싶지도 않습니다. 그래서 중요한 정보만 요약해 알려주는 역할을 하는 것이 신문입니다.

우리가 신문에 기대하는 것은 어제 전국의 소들이 풀을 얼마나 먹었는지, 몇 천 마리가 출하되었는지 등이 아니라 광우병이 급증했을 때 경고해주는 일입니다. 어제 쓰레기가 몇 톤이나 버려졌는지가 아니라 우리 동네에 쓰레기 소각장이 들어설 것 같은지 알고 싶을 뿐입니다.

마찬가지로 사람의 의식은 60조 개의 세포에서 일어나는 일이나,

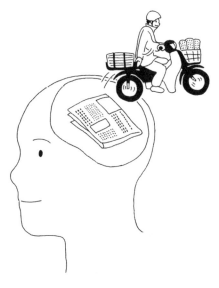

사람의 의식은 '신문'과 같은 것

수십억 개 뉴런이 주고받는 전기신호를 일일이 파악하지 않습니다. 뇌는 초당 4억 비트의 정보를 처리하지만, 그중 의식에서 처리하는 정보는 고작 2,000비트라고 합니다. 뇌의 신경 회로는 무의식이라는 무대 뒤에서 신문기자처럼 방대한 정보를 긁어모으고 있습니다. 그리고 요약된 정보만 신문처럼 의식에 전달합니다.

시야에 코가 보이지 않는 이유

아무 문제없이 일상적 행동을 반복할 때 우리는 의식을 불러내지 않습니다. 다리를 꼬고 앉거나 구부정한 자세 등의 습관을 고치기가 어려운 것은 그것들이 무의식중에 하는 행동들이기 때문입니다.

오늘 아침, 집을 나설 때 자신이 어느 쪽 신발부터 신었는지 명확히 기억하는 사람은 별로 없을 것입니다. 왜냐하면 '어느 쪽 신발을 먼저 신을까?'라는 문제를 의식적으로 결정하지 않고, 대개 무의식을 따르기 때문입니다.

뇌과학자 이케가야 유지는 재밌는 예를 들었습니다. "코는 언제나 시야에 보이는데 자신의 코가 방해된다고 느끼지 않는 것은 무의식적으로 시야에 있는 코를 지우고 있기 때문이다." 코는 항상 우리의 시야 안에 있어서 보려고 하면 볼 수 있습니다. 그러나 그것은 신문에 실어야 할 만큼 신기한 뉴스는 아닙니다.

의식이 깨어나는 순간

그럼 의식이 깨어나는 상황을 가정해봅시다. 사람이 걸을 때는 어떨까요? 사람에게는 200개 이상의 뼈와 관절, 400여 개의 골격근이 있고, 걸을 때 각각의 부위가 긴밀하게 협동하면서 움직입니다. 로

봇을 걷게 하기가 어려운 이유는 각 부위의 힘과 각도, 그리고 노면 상황에 대해 발바닥이 보내는 신호 등 모든 것을 프로그래밍하고 가르쳐야 하기 때문입니다. 사람은 이렇게 복잡한 행동을 의식하지 않고도 기분 좋게 산책할 수 있습니다. 그러면서도 부드러운 무언가를 밟으면 곧장 의식을 불러냅니다. '물컹한데? 뭘 밟았나? 아악!'

배가 아플 때
신문 헤드라인의 변화

수업 중 배가 아팠던 경험을 떠올려보세요. 평소에는 졸거나 낙서를 하는 등 편안하게 보냈던 수업 시간도 배가 아프기 시작하면 순식간에 양상이 달라집니다. 그때 '나'라는 신문이 있다면 헤드라인은 이런 식으로 바뀌면서 의식에 전달될 것입니다.

「배에 불편함, 복통 가능성 있음.」
「복통이라고 판단됨. 원인은 어제의 과식인가?」
「수업 종료까지 남은 시간은 30분, 복통 문제는 과연 어떻게 될 것인가?」
「복통에 소강상태가 찾아와 일시적인 평화로.」

배달된 신문이 많다는 것은 의식이 자주 깨어났다는 뜻으로, 수업에 집중하지 못했고 평소와 같은 시간도 아주 길게 느껴졌다는 것입니다. 사건이 발생했을 때만 신문의 헤드라인이 작성되는 것과 마찬가지로 평소와 다른 일이 있을 때만 의식이 사용됩니다.

인간에게는 자유의지가 있을까?

자신이 자유롭다고 생각하는 사람, 즉 자유의지에 의해 어떤 일을 할 수도 있고 하지 않을 수도 있다고 생각하는 사람이 있다면, 그것은 착각이다. 그렇게 생각하는 건 단지 그들이 자신의 행동을 의식하고, 자신의 행동을 결정하는 여러 원인들을 알지 못하기 때문이다.

● 바뤼흐 스피노자

의식은 분명 문제를 생각하거나 행동을 결정하는 리더입니다. 그러나 대부분의 행동은 리더의 지시가 아닌, 일반 사람들의 자발적 선택으로 결정됩니다. 어떤 작업을 하다가 피로를 느끼면 '좋아, 깍지를 끼고 손바닥을 위로 올려서 스트레칭을 하자'라고 의식하지 않아도 사람들은 스트레칭을 합니다. '스트레칭을 하자'고 결정한 것은 리더가 아닙니다.

'사람의 의식'이라는 리더의 의존성과 관련하여 1980년대에 벤저민 리벳Benjamin Libet의 유명한 실험이 있습니다. 피실험자들에게 자유롭게 스스로 손가락 혹은 손목을 움직이게 하고 그때 뇌의 활동을 기록했습니다.

① 자신의 의지로 손가락을 움직이려고 생각한 시각

② 뇌에서 운동 명령 신호가 발생한 시각

③ 실제로 손가락이 움직인 시각

실험결과는 놀랍게도 ②→①→③ 순서로 나타났습니다. 운동 명령 신호는 피실험자가 의사결정을 한(그렇게 생각한) 시각보다 약 0.35초 전에 발생했습니다. 본인이 손가락을 움직이기로 결정하기 전에 뇌가 손가락을 움직일 준비를 시작했다는 뜻입니다.

이 실험은 사람의 자유의지를 부정할 수도 있다는 점에서 큰 화제가 되었습니다. 그러나 무엇보다 아무 변화가 없는 상태에서 행동이 일어나는 것이 아니라, 행동에 앞서 뇌의 활동이 먼저 나타난다는 것을 알게 해주는 실험이었습니다.

콧노래는 누가 결정할까?

예를 들어 콧노래를 부르는 일도 마찬가지가 아닐까요? 콧노래는 주크박스나 노래방에서 선곡하는 행위와는 다릅니다. 주크박스는 안에 들어 있는 곡 중에서 마음에 드는 노래를 의식적으로 선택합니다. 그러나 자연스럽게 콧노래가 나올 때 '어떤 노래를 부를까?'라고 생각하는 사람은 거의 없을 것입니다.

흥얼거리는 콧노래는 전혀 부를 생각이 없었던, 아까 들렀던 슈퍼마켓의 CM송일 수도 있습니다. 그것은 제가 의식할 수 없는 장소에서 DJ가 골라온 곡입니다. 스피노자의 말처럼 제가 그 행동을 하고 있다는 것은 알고 있지만, 그 원인까지는 알 수 없습니다.

사람의 장을 예로 들어보겠습니다. 장에는 1억 개가 넘는 신경세포가 있고, 뇌와는 미주신경을 통해 연결되어 있습니다. 하지만 뇌와 연결이 끊어지더라도 장은 독립적으로 판단을 내릴 수 있다고 합니다. 그래서 장을 '제2의 뇌'라고 부르기도 하는데, 과연 장은 평소에 자신이 서브 리더라는 것을 인식하고 있을까요?

나의 행동은 다수결로 결정된다

사람의 행동은 평소 '나'라고 생각하는 의식이 전제군주제처럼 독단적으로 결정하는 것이 아닙니다. 말하자면 의회제와 같은 것으로, 국회처럼 투표를 통해 결정됩니다.

가령, 일찍 일어나는 습관을 들이고 싶을 때를 예로 들어보겠습니다. '내일부터 이 시간에 일어나자'고 다짐하고 정해놓은 시각에 알람이 울립니다. 국회가 개최된다는 신호입니다.

신체의 다양한 지역에서 정치인들이 모여 국회가 열립니다. 잠에서 깼는데 허리가 조금 아픕니다. 그래서 '허리' 지역에서 선출된 의

원은 "아직 더 자야 합니다!"라고 목소리를 높입니다. 어제 술자리에서 과음을 해서 '장' 지역에서 온 의원은 "느긋하게 소화시켜야 합니다"라고 요구합니다.

표결에 들어간 끝에 '잠을 더 잔다'가 다수결로 가결됩니다. 결국 알람을 끄고 5분 더 자기로 하는데, 5분마다 알람이 반복될수록 '슬슬 일어나지 않으면 지각하지 않을까?', '매일 늦잠이라니, 한심하네'라는 정당한 의견이 점점 세력을 넓혀갑니다. 결국 꾸물거리면서 겨우 침대에서 일어납니다.

반대의견을 이겨내는 습관

습관이 된 상태에서는 약간의 반대의견이 있더라도 '바로 일어나기'가 다수의 찬성을 얻어 짧은 시간 안에 통과됩니다. 중요한 것은 이 상태에서도 국회가 전혀 열리지 않는 것은 아니며, 반대의견이 전혀 없는 것도 아니라는 점입니다. 저도 충분히 자는 편이지만 상쾌하게 눈을 뜰 때도, 그렇지 않을 때도 물론 있습니다.

일어나고 싶지 않을 때는 매번 '알게 모르게 피로가 쌓인 건가?' 하는 생각을 합니다. 하지만 항상 똑같이 생각하므로 이제 더 이상 스스로의 의견도 믿지 않게 되었습니다.

일찍 일어나지 않으면 일어난 뒤에 해야 할 습관들도 할 수 없으니 분명히 후회할 것입니다. 또한 일어나서 요가를 하면 처음에는 조금 졸리더라도 5분 후에는 금방 잠이 깨 정신이 또렷해지리라는 것도 알고 있습니다. 그걸 여러 번 반복하다 보니 결론은 대체로 정해져 있습니다. 그래서 논쟁을 하거나 몇 번이고 투표를 반복하지 않아도 문제가 해결됩니다.

나는 나의 왕이 아니다

지금까지 살펴본 것처럼 사람의 행동에는 의식이 관여하지 않는 경우가 많습니다. 그러나 해야 할 일을 하지 않았을 때 생기는 문제에 책임을 지는 것은 의식입니다. 다이어트에 실패하는 것도, 금주나 금연을 못하는 것도, 업무를 뒤로 미루는 것도 의식의 문제로, '의지가 약해서'라고 간단히 정리됩니다.

그러나 그것은 확실히 말해서 의식이나 의지력을 지나치게 믿는 것입니다. 의지가 강해서 혹은 의지가 약해서 그렇다는 이유가 붙는 전제에는, 자신의 의식이 자신의 행동을 전적으로 제어하고 있다는 오해가 깔려 있습니다.

우리는 먼저 의식이나 의지가 행위의 원인이 아님을 명심해야 합니다. 불행히도 우리는 우리를 다스리는 왕이 아닙니다. 가장 먼저 그것을 냉정하게 인정해야 합니다.

자신을 습관의 동물로 만들기

가을이 되면 다람쥐는 겨울을 대비하기 위해 먹이를 잔뜩 쌓아둡니다. 그러나 다람쥐는 '이제부터 겨울이 올 테니까 먹이를 잔뜩 쌓아두어야 해'라고 의식적으로 생각하거나 치밀한 계획을 세우는 것이 아닙니다. 눈에 들어오는 햇볕의 양이 일정량만큼 감소하면 다람쥐의 뇌에서는 먹이를 채우는 프로그램이 작동하게 되어 있다고 합니다.

무라카미 하루키는 "자신을 습관의 동물로 만들어야 한다"고 말했습니다. 습관을 몸에 익히는 일은 자신의 동물적인 부분, 무의식이 담당하는 부분에 접근하는 일입니다. 바꿔야 하는 것은 자신의 의식이 아니라 햇볕의 양입니다.

이어서 행동이 어떻게 습관이 되는지 살펴보겠습니다. 그것은 의식이라는 왕이 어떻게 왕좌를 내어주는지에 대한 문제이기도 합니다.

머리를 쓰지 않고도
초콜릿을 찾아내는 쥐

자전거를 생각하지 않고 타게 되기까지는 몸을 쓰는 방법과 요령을 배울 필요가 있습니다. 맨 처음에는 '의식'으로 몸을 조작해야 하지만, 어느 순간 생각하지 않고도 탈 수 있게 됩니다. 이때 뇌 속에서는 어떤 변화가 일어날까요?

1990년대에 메사추세츠 공과대학교MIT에서 시행한 쥐 실험을 참고해봅시다. T자 모양 길 입구에 머리에 뇌 활동을 조사하는 장치를 설치한 쥐를 놓고 갈림길에서 왼쪽으로 꺾인 곳에 초콜릿을 두었습니다. '딸깍' 하는 소리를 신호로 칸막이가 열리면 쥐는 달콤한 냄새가 나는 곳을 찾으려고 합니다. 처음에는 가운데 통로에서 왔다 갔다 하고, T자 모양 교차로를 거꾸로 돌기도 하면서 초콜릿을 찾기까지 시간이 오래 걸렸습니다.

이런 시행착오를 반복할 때 뇌의 기저핵basal ganglia이라고 불리는 부분이 활발하게 활동했습니다. 그리고 이 실험을 수백 번 반복하니 쥐는 더 이상 길을 헤매지 않았고, 목표에 도달하는 시간도 짧아졌습니다. 초콜릿을 찾아내는 것이 매우 능숙해진 한편, 쥐의 뇌 활동은 감소되어 점점 더 생각을 하지 않게 되었다고 합니다.

2, 3일이 지나자 벽을 긁거나 냄새를 맡아서 정보를 모으지 않게 되었고, 일주일이 지나자 기억에 관여하는 뇌 부위도 활동이 줄어들었습니다. 쥐는 결국 아무 생각을 하지 않고도 초콜릿을 찾을 수 있게 되었습니다. 쥐에게 그 행동은 습관이 된 것입니다.

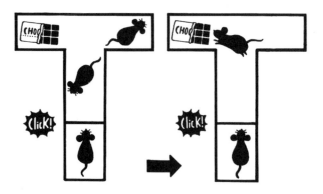

쥐는 처음에는 초콜릿을 찾는 데 시행착오를 겪었다.
하지만 여러 번 반복하면서 쥐의 뇌는 점점 더 생각을 하지 않게 되었다.

습관의 3요소

《습관의 힘》(갤리온, 2012)의 저자 찰스 두히그Charles Duhigg에 따르면
습관은 다음 3가지 요소로 구성됩니다.

첫 번째는 신호(트리거)입니다. 앞의 실험에서 쥐의 뇌 활동을 조사
해보니 칸막이가 열리는 소리를 들었을 때와 초콜릿을 찾아냈을 때
에 뇌가 가장 활성화되었습니다. 신호는 어떤 '자동 조종 모드'를 사
용할지 알려주는 역할을 합니다. 쥐에게는 딸깍 소리가 바로 그것입
니다.

두 번째는 루틴(반복행동)입니다. 신호로 유발되는 정해진 행동패

습관의 3요소

루틴

신호   Click!   보상   CHOC

턴을 말합니다. 쥐 실험의 예시에서는 칸막이가 열리면 헤매지 않고 T자 모양 교차로에서 왼쪽으로 꺾어 초콜릿을 찾아내는 일입니다. 시행착오를 겪은 끝에 찾아낸 방법을 기억하고, 그 후에는 거의 생각하지 않고도 하게 되는 행동을 말합니다.

세 번째는 보상입니다. 이런 일련의 행동을 기억하는 것이 좋은지 아닌지를 뇌가 판단하는 재료가 바로 보상입니다. 보상은 1장에서 살펴봤듯이 기쁨이나 즐거움을 주는 것, 기분을 좋게 해주는 것입니다. 초콜릿이라는 칼로리 높고 맛있는 음식을 찾을 수 있다면 앞으로도 같은 행동을 하는 편이 나을 것입니다. 그래서 뇌는 초콜릿까지 가는 경로를 기억하려고 합니다.

습관은 실제로 뇌를 변화시킨다

맛있던 식당은 또 가게 되고, 맛이 없으면 다시는 안 가게 됩니다. 이처럼 우리는 행동한 경험으로 얻은 즐거움과 기쁨을 몇 번이고 맛보려고 합니다. 도파민을 매개로 작동하는 이 '보상계'라는 시스템은 오래된 회로로, 쥐에게도 사람에게도 마찬가지입니다. 그리고 식사, 섹스, 대인관계 등 생존에 도움이 되는 행동을 하면 쾌감을 얻을 수 있습니다.

또한 이 행동과 쾌감의 연결은 반복할수록 강해집니다. 신경세포의 연결고리인 시냅스에서 신호를 받는 수상돌기 가시라는 돌출부는 여러 번 신호를 받으면 실제로 크게 성장합니다.

무언가를 습관으로 만드는 것은 강연을 듣거나 짧은 시간 동안 세미나를 들어서 의식을 바꾸는 것과는 완전히 다릅니다. 여러 번 반복해서 실천함으로써 실제로 뇌의 신경세포를 변화시키는 일입니다.

요가와 일기의 '신호'

습관의 3가지 요소는 신호, 루틴, 보상이라고 했습니다. 이제 각 요소를 조금 더 자세히 살펴보겠습니다. 먼저 신호입니다. 대부분의 사람들은 아침에 일어날 때 알람을 신호로 삼을 것입니다. 제가 다음으로 하는 것은 요가입니다. 자기 전에 요가매트를 깔아두기 때문에 아침에 일어나면 제일 먼저 눈에 들어옵니다. 그것이 신호가 되어 요가를 시작합니다.

아침을 먹고 나면 커피를 내립니다. 커피를 마시는 일이 신호가 되어 일기를 쓰기 시작합니다. 언젠가 저녁에 커피를 마셨는데 저도 모르게 일기를 쓰고 싶어진 적이 있습니다. 커피라는 신호와 일기를 쓴다는 루틴이 연결되어 있기 때문입니다.

윌리엄 제임스William James의 《심리학의 원리》(아카넷, 2005)에는 이런 에피소드가 나옵니다. 어느 퇴역 군인이 양손에 식사를 들고 있었습니다. 옆에서 누군가가 농담으로 "차렷!"이라고 말하자 퇴역 군인은 양손을 내리고 차렷 자세를 취하는 바람에 들고 있던 고기와 감자를 떨어뜨리고 말았습니다. 중요한 물건을 손에 들고 있어도 습관이 더 강력하게 작용하는 모습을 보여주는 사례입니다.

책상을 보는 것에서 시작한다

작은 신호가 천재를 만들기도 합니다. 변호사 야마구치 마유는 도쿄대학교 법학부를 수석으로 졸업하고, 재무성 관료를 거쳐 변호사가 되었습니다. 하버드대학교 로스쿨을 올 'A'로 졸업했으며, 뉴욕주

변호사 자격도 취득해서 현재는 신슈대학교 특임 부교수로 일하고 있습니다.

어떻게 보면 천재라고 밖에 생각할 수 없지만, 그는 다른 천재들과 마찬가지로 "나는 천재가 아니기 때문에 열심히 할 수밖에 없었다"고 말합니다. 그의 공부는 '책상을 보는 일'에서 시작되었습니다.

야마구치 마유가 어린 시절부터 들인 습관은 다음과 같습니다. 아침에 일어나면 창문의 커튼을 열고 햇볕을 쬡니다. 그런 다음, 시선을 책상으로 옮깁니다. 의자에 앉아서 아무 책이나 읽고, 어머니가 아침을 먹으라고 부를 때까지 10분 정도 책상 앞에서 시간을 보냅니다. 이렇게 하면 책상에 앉는 일에 거부감이 사라진다고 합니다. 학교에서 돌아와 간식을 먹으면 다시 '책상을 보는 일'을 신호로 공부를 시작합니다. 고등학교에서도, 로스쿨에서도 아침 햇살을 받으면 일단 책상을 봤습니다. 작은 신호에서 시작된 습관이 천재를 만든 것입니다.

술을 마시게 하는 신호

습관이 어려운 이유는 버리고 싶은 습관도 완전히 똑같은 구조로 작동한다는 데에 있습니다. 저는 술을 줄이려고 노력했지만 좀처럼 끊을 수가 없었습니다. 그 이유 중 하나는 술에는 신호가 되는 짝꿍이 많았기 때문입니다. 가령 저는 대낮부터 맥주를 마시는 것을 좋아해서 튀김소바를 주문하면 반사적으로 병맥주도 함께 주문했습니다. 만두나 닭튀김처럼 기름기가 많은 음식도 마찬가지였습니다. 그 외에도 다양한 음식이 맥주를 불러왔습니다.

찰스 두히그는 그런 신호를 다음 5가지로 정리했습니다. 술이 마시고 싶어지는 신호를 예로 들어 설명해보겠습니다.

- 장소(퇴근길에 있는 편의점, 친구의 결혼식장)

- 시간(일이 끝난 밤, 일요일 낮)

- 심리상태(연이은 야근으로 인한 스트레스, 실수로 의한 우울함)

- 자신 이외의 인물(멋진 여성과의 데이트, 오랜만의 동창회)

- 직전 행동(운동으로 땀을 흘림, 온천에 들어감)

버리고 싶은 습관은 이런 신호를 파악하는 것이 중요하고, 몸에 익히고 싶은 습관은 신호를 만드는 일이 중요합니다.

사슬처럼 연결된 루틴

그것을 '평소처럼' 만들지 않으면 특별한 플레이는 불가능하다. 특별한 일을 하기 위해 특별한 일을 하는 것이 아니다.

● **스즈키 이치로**

습관의 두 번째 요소인 '루틴'은 이해하기 쉽습니다. 신호에서 시작되는, 정해진 행동을 말합니다. 텁텁한 느낌이 들었을 때 양치질, 샤워 후 헤어드라이어로 머리를 말리는 일 등 일상적으로 흔히 하는 행동을 말합니다.

제가 헬스장에 가게 되는 신호는 몸을 움직이고 싶은 욕구입니다. 그리고 언제나 똑같이 운동복과 물통을 준비합니다. 헬스장까지 가는 길과 사물함을 여는 방법 등도 몸에 배어 있습니다. 근력 운동, 달리기 패턴은 정해져 있고, 운동이 끝난 후 샤워를 하고 옷을 세탁하는 방법도 마찬가지입니다.

하나의 루틴이 다음 루틴을 시작하는 신호가 됩니다. 헬스장에 가서 운동을 하는 것은 복잡한 과정이지만, 신호와 루틴이 사슬처럼 연결된 일련의 행동이라고 생각할 수 있습니다. 무의식적인 아침 준비 과정도 이와 같은 맥락입니다.

루틴은 마음을 움직인다

루틴의 좋은 점은 평소 행동으로 기분을 바꿀 수 있다는 점입니다. 루틴은 흐트러진 마음을 조율하는 역할을 합니다. 예를 들어 무라카미 하루키는 매일 1시간 동안 달리기를 하지만, 누군가에게 이유 없는 비난이나 거절을 당하면 조금 더 오래 달린다고 합니다. 저도 거의 매일 달리는데, 기분 나쁜 일이 있을 때는 더 오래 달립니다. 그렇게 하면 확실히 기분이 바뀌는 것을 실감하기 때문입니다. 문제의 본질은 문제 자체에 있는 것이 아니라 문제를 어떻게 받아들이느냐에 있습니다. 1장에서도 살펴봤듯이 감정은 의지력을 좌우합니다. 평소 습관을 실천함으로써 부정적인 감정이 사라지면 의지력도 회복됩니다.

스즈키 이치로는 슬럼프를 극복하는 방법으로 매일 하던 일을 똑같이 반복하는 것을 강조했습니다. "마음을 다잡는 것은 어렵지만, 평소와 같이 몸을 움직이면 어느새 마음도 저절로 따라온다. 그것이 내가 마음을 다스리는 기술이다."

평소와 같이 몸을 움직이면 마음도 그에 맞게 조율됩니다. 충동구매를 할 때처럼 무언가를 '갖고 싶다'고 생각하면 호흡이 거칠어집니다. 이때 의식적으로 호흡을 천천히 하면 욕구도 진정됩니다. 천천히 호흡하는 명상을 습관화하면 이런 효과를 얻을 수 있습니다.

럭비선수 고로마루 아유무는 킥을 하기 전에 검지를 맞대는 동작을 하고, 피겨스케이팅선수 하뉴 유즈루는 스케이트를 타기 전에 성호를 긋고 기도합니다. '이것은 승부를 가르는 순간이다'라며 평소와 다르게 각오를 다지면 몸의 밸런스도 달라질 것입니다.

　루틴을 거치면 평상시의 차분한 심리 상태를 유지하고, 중대한 순간에도 연습한 대로 결과를 낼 수 있습니다. 운동선수들이 루틴을 사용하는 이유가 바로 이런 점 때문입니다.

사람은 보상이 있어야 움직인다

"이건… 마약이야."
"…마약?"
"그래. 한번 산에서 바위벽에 달라붙어 봤다면,
거기서 그것을 맛보았다면 일상은 미지근한 맹물 같아."
● 만화《신들의 봉우리》중에서

습관 중에서 이해하기 어려운 것은 세 번째 요소인 '보상'입니다. 사람은 만족스러운 보상을 얻기 위해 여러 번 같은 행동을 반복합니다.

- 맛있는 음식을 먹는다.
- 동료와 교류한다.
- 좋아하는 상대와 사랑을 나눈다.

- 돈이 생긴다.
- SNS에서 '좋아요'를 받는다.

이런 것들은 알기 쉬운 보상으로, 이런 보상을 얻기 위한 행동은 누가 봐도 쉽게 이해할 수 있습니다. 그러나 개중에는 왜 그런 일을 하는지 이해하기 어려운 행동도 있습니다.

어떤 것도 보상이 될 수 있다

어떤 행동의 대가로 보상을 받는다고 하면 으레 돈을 떠올리겠지만, 그것만이 전부는 아닙니다. 예를 들어 위키피디아(Wikipedia, 이용자들이 자유롭게 참여해서 만드는 온라인 백과사전 – 옮긴이)에 글을 쓰는 일로는 단돈 1원도 벌 수 없습니다.

'노리마키'라는 필자는 에도 시대의 시인 고바야시 잇사에 대한 위키피디아를 반년에 걸쳐서 정리했다고 합니다. 엄청난 노력입니다. 책이라면 인세를 주고 싶을 정도입니다. 노리마키는 위키피디아에 대해 "궁금한 것을 탐욕스럽게 조사하고 싶은 본능을 마음껏 표출할 수 있는 장소"라고 말했습니다.

'호기심과 탐구심을 채울 수 있고, 다른 사람이 보는 곳에 발표할 수 있다.' 위키피디아의 필자가 얻는 것은 그런 보상일 것입니다. 게

다가 필자들끼리 친목을 다지고, 오프라인에서 모임을 갖기도 합니다. 그렇게 취향이 맞는 커뮤니티도 보상이 될 수 있습니다.

예전에 마이크로소프트도 고액의 연봉을 주고 전문 필자를 모아 사전을 만들려고 한 적이 있습니다. 돈을 보상으로 삼은 것입니다. 그러나 위키피디아처럼 개인들의 자발적인 에너지를 도저히 이길 수 없었습니다. 이처럼 설령 금전적 이익이 없다 해도 사람들은 다양한 보상을 느낄 수 있습니다.

한여름에 땡볕에서 달리는 이유

남들이 보기에 이해하기 어려운 보상은 그밖에도 많이 있습니다. 떨어지면 죽을 수도 있는 암벽에 도전하는 등산객을 보면 왜 그런 것에 도전하는지 알 수 없을 때가 있습니다. 저도 예전에 한여름에 땡볕 아래에서 달리는 사람을 보고 '저 사람은 도대체 뭐가 즐거워서 저러고 있을까?'라고 생각한 적이 있습니다.

저도 중학생 시절에는 농구부에 들어가서 하루도 빠짐없이 연습에 매진하며 매일 격렬한 운동을 했습니다. 그러나 어른이 되고 나서 운동을 전혀 하지 않게 되자 '달리기의 어떤 점이 즐거운지 모르겠다'라는 상태가 되고 말았습니다.

지금은 다시 마라톤 풀코스를 뛰기 시작했지만, "왜 그런 걸 하는

지 전혀 모르겠다"는 말을 들을 때도 있습니다. 달리는 습관이 없는 사람에게 달리기는 이렇게 단순한 고통의 이미지로 가득 차 있습니다. 그러나 습관이 되는 데 보상이 필요하다면, 달리는 고통 속에도 분명 무언가 보상이 있을 것입니다.

달리면 엔도르핀이 나온다?

달리기의 보상으로 자주 언급되는 것이 신경전달물질인 엔도르핀endorphin입니다. 엔도르핀은 모르핀과 같은 진통 효과가 있어, 달리면서 느끼는 고통을 억제하고 러너스 하이runner's high 같은 쾌감을 가져다준다고 합니다.

　뇌과학자 그레고리 번스Gregory Berns는 이런 설명에 의문을 제기했습니다. 왜냐하면 격렬한 운동을 할 때 정말로 베타 엔도르핀이 증가한 사람은 50퍼센트에 불과한 것으로 밝혀졌기 때문입니다. 달리기를 하는 사람 중에서도 러너스 하이를 느껴본 사람은 많지 않고, 달릴 때마다 매번 느낄 수 있는 것도 아닙니다. 그레고리 번스는 엔도르핀을 쾌감의 원인이 아니라 일종의 부산물로 보았습니다.

없어서는 안 되는 스트레스

그렇다면 달리기의 보상은 무엇일까요? 그레고리 번스는 달리기의 보상이 스트레스 호르몬인 코르티솔cortisol에 있다고 생각했습니다. 스트레스 호르몬이라고 하면 그저 나쁘기만 한 줄 알았는데, 어째서일까요? 앞서 도파민이 복잡한 작용을 한다고 설명했는데, 코르티솔도 사실 상반된 효과가 있습니다.

그레고리 번스는 그 작용을 이런 식으로 설명합니다. 코르티솔은 특히 육체적인 스트레스에서 생겨나는데, 기분을 고양시키고 집중력을 높이며, 경우에 따라서는 기억력을 높이는 효과도 있습니다. 그러나 이 효과는 하루치 분비량인 20에서 40밀리리터를 투여했을 때만 나타나며, 그 이상으로 분비되면 불안감을 느끼거나 스트레스 징후가 생겨납니다.

적당한 양의 코르티솔은 도파민과 상호작용하여 강한 만족감이나 초월적인 쾌감을 일으킵니다. 흥미로운 것은 그레고리 번스가 실제로 친구와 자신에게 적정량의 코르티솔을 투여하고 그 감각을 확인한 결과, 쾌감과 행복을 느꼈다는 점입니다. 깊은 만족감을 맛보려면 도파민만으로는 부족합니다. 스트레스를 받으면 분비되는 코르티솔과 결합했을 때 강력한 만족감을 얻을 수 있습니다.

저도 달리기를 시작하고 10분이 지나면 신체가 평소의 감각과 달라지기 시작하면서 몸을 움직이는 일 자체가 즐거워집니다. 생물은

쓸데없이 칼로리를 소모하지 않는 편이 생존에 더 유리할 테고, 그래서 인간 역시 가능한 한 편하게 있고 싶어 합니다. 하지만 한참을 달리다 보면 다른 모드로 전환되는 감각을 느낄 수 있습니다.

고민이나 불안은 희미해지고, 어디선가 에너지가 솟아나며, 평상시에는 느끼지 못했던 의욕과 자신감이 높아집니다. 물론 숨이 차오르는 상태는 고통스럽지만, 이런 식으로 적절하게 육체적 스트레스를 가하면 운동 후에도 한동안 만족감이 지속됩니다.

다만 도파민이 나올 때 쾌감이 있다고 해서 일부러 괴로움을 느낄 필요는 없습니다. 맛있는 음식을 먹는 등 다른 방법도 얼마든지 있기 때문입니다. 그러나 강렬한 만족감을 얻으려면 적절한 고통과 스트레스가 필요합니다.

빌 게이츠, 제프 베조스가 일하는 이유

빌 게이츠나 제프 베조스는 이미 일하지 않아도 남은 평생 리조트 해변에 누워 쉴 수 있는 재산이 있을 텐데 일을 그만두지 않습니다. 아무리 쉬어도 일할 때만큼 강렬한 만족감을 느끼지 못하기 때문일 것입니다.

예전에 사귀었던 여자친구에게 "우리는 재미있는 일만 하는 것 같아"라며 차인 적이 있습니다. 저는 일이 바쁜 그녀를 위해 적어도 데이트할 때만큼은 즐겁게 해주고 싶어 노력했습니다. 그래서 그런 말을 들었을 때는 '무슨 뜻인지 모르겠다. 무슨 소리지?'라고 생각했지만, 지금은 그 이유를 알 것도 같습니다.

인간관계에서도 어느 정도 스트레스가 있는 편이 만족도가 높아집니다. 드라마 주인공은 산전수전을 다 겪어야 재미있습니다. 저는 연애를 하며 즐거운 일만 일어나는 지루한 대본을 썼던 것입니다.

이야기가 잠시 샛길로 빠졌지만, 운동을 하면서 얻는 보상은 또 있습니다. 예를 들어, 책상에 앉아 있을 때보다 산책하거나 운동을 할 때 좋은 아이디어가 떠오른 경험이 있을 것입니다. 메이슨 커리 Mason Currey가 쓴 《리추얼》(책읽는수요일, 2014)은 작가, 음악가, 화가 등 수많은 위인들의 생활습관을 소개한 책인데, 거의 대부분이라고 해도 좋을 만큼 많은 사람들이 산책을 일과로 하고 있습니다. 저 역시 이 책을 쓰는 데 아이디어의 많은 부분이 달리기 중에 떠올랐습니다. 운동은 책상에 앉아 있을 때와는 다른 창의력을 발휘하게 하는 듯합니다.

유산소 운동이 뉴런을 성장시킨다

의학박사인 존 레이티 John Ratey는 《운동화 신은 뇌》(녹색지팡이, 2023)에서 운동 이후에 상쾌한 기분이 드는 이유를 단적으로 '심장에서

혈액이 왕성하게 펌프질되어 뇌가 최고의 상태에 이르기 때문'이라고 했습니다.

존 레이티는 운동이 뇌에 유익한 이유를 이렇게 설명했습니다. 뇌 속에는 신경전달물질 외에 뇌유래신경영양인자BDNF라는 일종의 단백질군이 있는데, 이것은 유산소 운동을 할 때 증가합니다. 뉴런에 이 BDNF가 더해지면 뉴런은 새로운 가지를 뻗는 것으로 밝혀졌습니다. 뉴런은 나무와 비슷하게 생겼고, 가지 끝에는 잎 대신 시냅스가 달려 있습니다. 새로운 가지가 생겨나면 시냅스가 늘어나 결합이 더욱 강해집니다. 존 레이티는 BDNF를 '뇌에 주는 비료'로 비유했습니다.

'0교시 체육'으로 성적이 오른 학교

흔히 성적을 올리려면 독서나 공부하는 시간을 늘리는 것이 우선이라고 생각하게 마련인데, 실제로는 그리 단순하지 않습니다.

미국 일리노이주 네이퍼빌에서는 1만 9,000명의 학생을 대상으로 '0교시 체육 수업'을 시도했습니다. 1교시 수업이 시작되기 전에 운동장을 달리거나 자전거를 타며 유산소 운동을 하도록 한 것입니다.

효과는 대단했습니다. 읽기 및 이해력 시험에서 평소처럼 체육 수

업만 받은 학생들은 성적이 10.7퍼센트 성장한 데 비해, 0교시 체육 수업을 받은 학생들은 17퍼센트 성장했습니다. 네이퍼빌 학생들은 TIMSS라는 수학·과학 성취도 국제 비교 연구에서 수학은 세계 6위, 과학은 세계 1위의 성적을 거두었습니다(미국 학생의 평균은 과학 18위, 수학 19위). 이렇게 공부를 하기 전에 먼저 운동을 하면 학습 효과가 높아지고, 그 결과 성적이 올라갔습니다.

2007년, 독일에서 실시한 연구에 따르면 운동 전보다 운동 후에 단어를 20퍼센트 더 빨리 외웠고, 학습효과와 BDNF 수치에 상관관계가 있음이 밝혀졌습니다.

습관에 필요한 것은 보상입니다. 운동을 하는 사람들은 흔히 자제력이 강하다는 말을 듣습니다. 그러나 그런 사람들은 보상을 거부하는 것이 아닙니다. 오히려 더 큰 보상을 받고 있습니다.

먼저 '보상'을 정의하라

하지만 아무리 글로 설명해도 운동 습관이 없는 사람은 이런 보상을 상상하기 어려울 것입니다. 습관을 익힌 후에 느끼는 보상은 아이에게 있어 맥주와 같습니다. 맥주를 마셔본 적이 없는 아이에게 맥주가 목을 넘어가는 상쾌함과 알딸딸하게 취한 기분을 아무리 설명해도 충분히 전달할 수 없습니다.

저는 새총을 쏴본 적이 없어서 목표물을 맞혔을 때의 쾌감을 모릅니다. 담배를 피우지 않는 사람은 돈을 주고 머리가 아플 정도로 연기를 들이마셨다가 내뱉는 것이 무슨 재미가 있는지 상상하기 어렵습니다. 술, 담배, 도박을 전부 해본 사람이라도 코카인 중독자가 하얀 가루나 주사기를 보기만 해도 흥분하는 이유를 알 수 없을 것입니다.

얼핏 금욕적으로 보이는 운동과 약물을 찾는 행동이나 구조는 크게 다르지 않습니다. 사람들은 보상을 얻기 위해 계속해서 같은 행동을 반복하려 합니다. 그 본질은 변함이 없고, 바람직한 행동이든 나쁜 습관이든 둘 다 중독과 같다고 생각합니다.

사람은 자신이 받아들이는 보상을 타인에게도 적용해서 생각합니다. 그래서 다른 사람은 자신과 다른 보상을 받는다는 것을 쉽게 상상하지 못합니다. 달리기를 하는 사람이 그저 손해만 보는 것처럼 보이는 것은 바로 그 때문입니다.

습관을 만드는 일은 맥주 맛을 몰랐던 사람이 맥주를 좋아하게 되는 과정과 같아서, 처음에는 그저 쓰기만 하지만 쓴맛을 참아가며 몇 번 마시다 보면 어느새 그것이 가장 큰 즐거움이 되기도 합니다.

습관을 몸에 익힌다는 것은 의지력을 단련하고 유혹을 뿌리치는 일이 아닙니다. 자신이 느끼는 '보상'을 다시 정의하는 일입니다. 꾸준히 행동하다 보면 실제로 뇌에 변화가 일어납니다.

마시멜로를 외면하는 방법

1장에서 마시멜로 실험을 소개했는데, 만약 아이들이 이 실험을 한 번이 아니라 '계속 반복해서' 받는다면 어떤 일이 벌어질까요?

처음 실험에 참가했을 때는 '20분 뒤에 받을 마시멜로 2개'라는 보상이 너무 애매해서 잘 와 닿지 않을 것입니다. 게다가 참아본 경험이 없다면 괴롭기만 합니다. 그러나 여러 번 성공하다 보면 아이들은 즐거운 일을 떠올리며 마시멜로에서 시선을 돌리거나 마시멜로를 구름이라고 생각하는 기술을 터득하게 됩니다. 그리고 20분을 기다렸다가 2개의 마시멜로를 여러 번 손에 넣으면 그 보상을 실감할 수 있습니다.

마시멜로 2개를 손에 넣고도 바로 먹지 않고 집에 가져가서 엄마에게 칭찬을 받으려고 한 아이도 있었습니다. 이때는 더 이상 마시멜로 1개와는 비교할 수 없는 보상을 얻게 됩니다. 자기긍정감도 높아집니다.

그렇게 되면 이제 끝입니다. 눈앞에 있는 마시멜로 하나를 먹는 일은 고려할 가치도 없어집니다. 바람직한 습관을 익히는 상태란 이런 것입니다. 눈앞의 보상이 사라지는 것은 아닙니다. 그러나 더 큰 보상을 여러 번 손에 넣으면 눈앞의 마시멜로가 이전보다 작게 느껴집니다.

습관을 만들 때, 처음에는 확실히 의지력이 필요합니다. 간단하지도 않고, 한순간에 마법처럼 터득하는 방법도 없습니다. 하지만 일단 익히고 나면 확실하고 큰 보상이 따르기 때문에 지속할 수 있습니다. 그 이후에는 의식적으로 이것저것 고민할 필요가 없어집니다.

　이어지는 3장에서는 습관을 만드는 방법을 55단계로 나누어 자세히 설명할 것입니다. 전략 없이는 눈앞의 마시멜로를 이겨낼 수 없습니다. 습관을 몸에 익히는 방법이란 말 그대로 커다란 보상을 느낄 때까지 온갖 방법을 동원해 눈앞의 마시멜로를 외면하는 것입니다.

- 사람 행동의 45퍼센트는 습관이다.
- 양치질, 단추 잠그기, 신발 끈 묶기 등 어린 시절에는 어려웠던 행동도 반복하다 보면 무의식중에 할 수 있게 된다.
- 운전이나 요리 등 복잡한 행동도 의식을 사용하지 않고 실행할 수 있다.
- 의식은 문제가 있을 때만 불러내지고, 사람은 보통 자동 조종 장치처럼 행동하고 생활한다.
- 아침에 정해진 시간에 일어나는 것처럼 고민되는 문제가 있을 때, 의식에서는 국회 같은 투표가 열린다. 그때그때 상황에 따라 가결될 수도, 부결될 수도 있기 때문에 의식을 불러내는 시점에서 어느 쪽으로 기울어질지는 알 수 없다.
- 쥐 실험을 통해 보상을 얻기 위해 같은 행동을 반복하면 뇌는 점차 생각을 줄인다는 것을 확인했다.
- 습관이란 '신호'로 작동되는 '루틴'이며, '보상'을 얻기 위해 이루어지는 '루틴'이다.
- 습관을 만드는 것은 이런 보상을 다시 쓰는 일이다. 운동은 힘들지만 만족감이나 행복 등의 커다란 보상이 뒤따르는데, 여러 번 반복하지 않으면 느낄 수 없다. 그것은 술을 먹어본 적 없는 아이에게는 그저 쓰기만 한 맥주 같은 것이다.
- 습관을 몸에 익힌다는 것은 마시멜로 실험을 계속 반복해서 받는 일과 같으며, 2개의 마시멜로를 반복해서 얻으면 나중에 받을 보상이 눈앞의 보상과 비교해서 검토할 필요도 없을 정도로 크게 느껴지게 된다.
- 습관을 만드는 방법은 모든 수단을 동원해서 눈앞에 있는 마시멜로에서 시선을 떼는 일이다.

3장

새로운 습관을
몸에 붙이는 55가지 방법

55 STEPS FOR MAKING NEW HABITS

악순환의 고리를
끊는다

더러워진 천을 염색하려면
먼저 깨끗하게 세탁을 해야 한다.

● 아유르베다

1장에서 살펴본 바와 같이, 우리에게 필요한 의지력은 불안과 자기
부정 같은 부정적인 감정 때문에 사라집니다. 그러면 뇌는 뜨거운
시스템이 우세해져 본능적인 행동을 하거나 눈앞의 보상에 물불을
가리지 않고 달려들려고 합니다. 그 결과 폭음과 폭식을 하거나 의
욕을 잃고 스마트폰만 들여다보며 빈둥거리게 됩니다. 그런 행동은
후회를 남기고, 후회는 또다시 스트레스를 불러옵니다.

　더 큰 문제는 이런 스트레스에 장기간 노출되면 본능적인 행동을
억제해야 할 차가운 시스템의 인지기능이 약해집니다. 사용하지 않
는 것은 쇠퇴하기 마련입니다. 인지력이 쇠퇴한다는 것은 눈앞의 마
시멜로를 가짜라든가 구름이라든가 하는 식으로, 현실을 다른 각도
에서 볼 수 없게 된다는 뜻입니다. 그래서 더더욱 눈앞의 보상에만

맹목적으로 달려들게 됩니다.

그러다 보면 어느새 '학습된 무력감'에 빠지고 맙니다. 피할 수 없는 전기충격을 지속적으로 받은 강아지는 점프해서 전기충격을 피할 수 있을 만큼 몸이 자라도 계속 전기충격을 받아들입니다. 모든 것이 헛수고라고 생각하기 때문입니다.

바람직한 습관을 들이기 위해서는 이런 끔찍한 악순환의 구조를 끊어내야 합니다.

[나쁜 습관을 버리지 못하는 이유]
"스트레스를 풀려면 어쩔 수 없어!"

우리는 종종 폭음이나 폭식 등 좋지 않은 습관을 스트레스 해소를 위해 꼭 필요한 것으로 착각하곤 합니다. 하지만 정말로 필요해서 그 행동을 하는 것이 아니라 스트레스를 받아 부정적인 감정을 느끼면 눈앞의 보상을 선택하게 된다는 사실을 잊어서는 안 됩니다. 업무나 집안일 등에서 스트레스를 받는 것 자체는 어쩔 수 없습니다. 중요한 것은 스트레스의 본질과 그것을 해소하려는 행동에서 받는 추가적인 스트레스를 구분하는 일입니다.

《어린 왕자》에는 이런 문장이 나옵니다. "술을 마시는 것이 부끄러워서, 그것을 잊고 싶으니까 술을 마시는 거야." 안타까운 이야기지만, 사람들은 돈이 없다는 불안을 느낄 때 그 불안에서 도망치기 위해 쇼핑을 하기도 합니다. 불안한 사람은 자신을 더 큰 불안으로 밀어넣는 행동을 하고 맙니다. 작가 그레첸 루빈 Gretchen Rubin은 그 대처법을 다음과 같이 간결하게 제시했습니다. "기분 전환을 위한 일이 자기 자신을 더 싫어지게 만들어서는 안 된다."

나쁜 습관을 버리는 요령과
좋은 습관을 만드는 요령은 정반대다

좋은 습관도, 나쁜 습관도 기본적으로 같은 구조로 이루어져 있습니다. 그래서 지금 가지고 있는 습관을 버리려면 습관을 만드는 요령과 정반대로 하면 됩니다. 예를 들어, 이 책에서 습관을 만드는 STEP 13은 '일단 진입장벽을 낮추는 것'입니다. 그렇다면 나쁜 습관을 없앨 때는 반대로 '진입장벽을 높이는 것'이 요령입니다. 이제부터 습관을 버릴 때 특히 주의해야 할 부분을 살펴보고, 기본적으로 습관을 만들 때 알아두어야 할 핵심적인 부분들과 함께 버리고 싶은 습관에 대해서도 설명하겠습니다.

먼저 '버릴 습관'을
결정한다

아무리 제멋대로 하루를 보내더라도, 어쨌든 사람은 각자 자신만의 하루를 보냅니다. '게으름을 피운다'는 계획으로 하루 일과가 꽉 찬 사람도 있습니다. 그것이 본인에게 좋은 것이든 나쁜 것이든, 사람의 하루는 습관으로 채워져 있습니다. 때문에 새로운 습관을 추가하려면 오래된 습관은 퇴장시켜야 합니다. 그래서 가장 먼저 해야 할 일은 '하지 않을 일'을 결정하는 것입니다.

어떤 습관을 버려야 할까요? 이 문제는 답을 찾기가 어렵습니다. 앞에서도 말했듯이 사람은 어떤 습관은 스트레스 해소를 위해 꼭 필요하다고 쉽게 착각하기 때문입니다.

내 아이의 습관이 된다면?

이때 스스로에게 물어볼 만한 질문은 '이것이 내 아이의 습관이 돼도 좋은가?'입니다. 물론 실제로 아이가 없는 사람에게도 성립하는 질문입니다. 나에게는 없어서는 안 될 것이 되어버렸지만 가능하면 그만두고 싶은 것, 배울 점이 별로 없고 내 아이가 하고 싶다고 말했을 때 찬성할 수 없는 것, 끝내고 나면 성취감이나 만족감이 아니라 후회가 남는 것.

저는 '어떻게 해도 멈출 수 없다'며 여러 가지 변명을 합니다. 그 습관이 주는 장점도 얼마든지 과장하거나 조작할 수 있습니다. 하지만 내 아이의 습관이 되어도 좋은지 생각해보면 이야기가 달라집니다. 자식이 알코올 중독이나 니코틴 중독에 빠지길 바라는 사람이 있을까요? 스마트폰이나 SNS에 빠져 시간을 낭비하거나 도박에 빠져들길 바라는 부모가 있을까요?

어른이 되었다고 해서 무조건 자유롭게 살아도 된다고 생각하는 것이 신기할 따름입니다. 아이가 텔레비전을 보거나 게임을 하는 데 시간제한이 필요하다고 생각한다면, 그것은 어른에게도 필요합니다. 사람은 죽을 때까지 배우고 성장하는 존재이기 때문입니다.

하고 나서 후회하는 일,
배울 게 전혀 없었던 일

문제는 특정 분야를 두고 이건 좋고 이건 나쁘다고 말할 수는 없다는 것입니다. 예를 들어 저는 어렸을 때 게임을 한 기억밖에 없는데, 30세 무렵을 기점으로 게임을 그만두었습니다. 누구보다 게임을 좋아했고 실컷 즐겨왔으면서도, 게임을 그만둔 이후로는 게임에 빠진 사람을 곱지 않은 시선으로 바라보기도 했습니다. 그러나 일본 최초의 프로게이머 우메하라 다이고가 게임에 몰입하는 모습을 보고는 생각이 바뀌었습니다.

우메하라 다이고도 게임 자체는 이미 오래 전에 질렸다고 합니다. 게임 대회에서 우승하는 일은 수단이고, 목적은 자신의 성장입니다. 전 세계 최고 자리에 서기 위해 몇 시간 동안 진지하게 게임을 하고, 그 과정에서 발견한 과제는 바로 메모해서 거듭 고쳐나갑니다. 그런 시행착오의 과정은 운동선수와 조금도 다르지 않습니다.

다시 말해, 진지하게 몰두하면 어떤 분야든 가치가 있다는 뜻입니다. 게임으로 인생을 배울 수 있다면 하지 말아야 할 이유가 없습니다. 저는 술을 끊었지만, 진지하게 자신의 일에 임하는 소믈리에나 바텐더를 존경합니다. 술에서 인생의 모든 것을 배운 사람도 있을 것입니다.

- 내 아이에게 물려주고 싶지 않은 일

- 끝난 후에 성취감을 느끼지 못하고 후회하는 일

- 돌이켜봤을 때 커다란 배움을 얻었다고 느낄 수 없는 일

이런 조건들을 염두에 두고 우선 그만두어야 할 일을 생각해봅시다.

모든 행동에는 의존성이 있다

인생에는 의도적으로 즐기는 오락도 필요합니다. 문제는 그만두고 싶은 마음이 굴뚝같은데도 멈출 수 없는 경우입니다. 스스로 그만둘 수 없다면 중독입니다. 알코올이나 니코틴뿐 아니라 의존성이 있는 물질은 많습니다. 대표적인 예로, 설탕을 들 수 있습니다.

신경과학자 니콜 아베나 Nicole Avena는 쥐에게 계속해서 설탕을 먹이는 실험을 했습니다. 쥐들은 설탕에 강한 욕구를 보이기 시작했고, 심지어 코카인 같은 내성이 생겨서 금단증상까지 나타났습니다. 성인 384명을 대상으로 설문조사를 해보니, 특정 식품에 중독되어 끊으려고 몇 번이나 시도했지만 결국 실패했다고 답한 사람이 92퍼센트나 되었습니다.

의존성이 있는 것은 물질뿐만이 아닙니다. 시카고 대학병원의 존

그랜트John Grant는 "과도한 보상이나 행복감, 평온함을 가져오는 것은 전부 의존성이 있다"고 말했습니다. 마약뿐 아니라 특정 식품, 쇼핑, 섹스, 도둑질, SNS 등 모든 행위에는 의존성이 있습니다. 제가 달리기를 하는 이유도 간단히 말하면 기분이 좋아지기 때문이고, 이것은 결국 제가 달리기에 의존하고 있다는 뜻입니다.

보상이 빠르면 중독에 빠지기 쉽다

중독에 빠지기 쉬운 것들은 모두 보상이 빠르다는 특징이 있습니다. 즉시 기분이 좋아지는 효과가 있다는 것입니다. 만약 술을 마시고 6시간 후부터 취기가 올라온다면 과음하는 사람은 훨씬 줄어들 테고, SNS의 '좋아요'가 한 달 후에 게시판에 올라온다면 이렇게나 많은 사람이 그 빨간 하트에 중독되지 않았을 것입니다.

뇌는 그것이 약물로 인해 쉽게 증가된 나쁜 도파민인지, 운동으로 증가된 좋은 도파민인지 판별할 수 없습니다. 다만 쾌감을 느끼는 행위를 반복하려고 할 뿐입니다. 그래서 먼저 자신이 의식적으로 무엇을 끊어야 하는지 생각할 필요가 있습니다.

내가 술을 끊은 이유

제가 버리고 싶었던 습관 중 첫 번째는 술이었습니다. 미리 말하자면, 저는 술과 관련된 문화를 부정하는 것이 아니고, 모든 사람이 지금 당장 술을 끊어야 한다고 생각하지도 않습니다. 죽어도 그렇게 생각하지 않습니다. 다만 제 입장에서 술은 '끊는 편이 나은 것'이 되어버렸습니다.

이제부터 술을 끊은 제 경험을 예로 들어 이야기를 이어나가겠지만, '술'을 여러분이 끊고 싶은 무언가로 바꾸어서 읽어주셨으면 좋겠습니다. 무언가를 끊을 때의 전략은 대개 비슷합니다.

금주가 어려운 것은 누구나 술을 마실 때는 자신이 통제할 수 있다고 생각하면서 알코올 중독은 자신과 다른 세계에 있는 문제라고 생각하기 때문입니다. 물론 아침에 눈을 뜨자마자 술부터 들이켜는 사람은 드물 것입니다. 하지만 모든 것이 그렇듯, 처음부터 중독되려고 시작하는 사람은 없습니다. 시작은 첫 한 모금입니다. 그러니 사실은 누구나 다 같이 겪는 문제인 것입니다.

제가 술을 끊은 것은 2017년 초였습니다. 그전에도 몇 번이나 시도하고 또 시도했지만 도저히 끊을 수 없었습니다. 정말 술을 좋아했고, 술자리도 좋아했습니다. 그런데도 술을 끊고 싶었던 이유는 아침에 일찍 일어나고 싶었기 때문입니다. 헤밍웨이는 아무리 밤늦게까지 술을 마셔도 숙취와는 거리가 멀었고, 반드시 아침에 일찍 일어났다고 합니다. 만약 저도 헤밍웨이 같은 체질이었다면 술을 끊지 못했을지도 모릅니다.

게다가 술은 딱 한 잔만 마시려 해도 좀처럼 거기서 멈출 수가 없습니다. 욕구를 냉각시키는 차가운 시스템이 알코올 때문에 마비되기 때문입니다. 저는 규칙적인 생활을 하고 싶었지만, 술을 마신 다음 날은 숙취 때문에 아침이 사라집니다. 그러면 언제까지고 일찍 일어나는 습관을 들일 수가 없습니다. 그런 생활이 반복되는 것이 너무 싫었고, 이런 후회를 인생에 남겨둬도 되는지 고민했습니다.

터닝 포인트를
이용한다

저에게는 지금 여러 가지 습관이 몸에 배어 있는데, 지금 살고 있는 집에서 이사를 하면 모두 다시 만들어야 합니다. 주거환경에 묶여 있는 습관의 신호를 재구성해야 하기 때문입니다.

그런 의미에서 반대로 어떤 나쁜 습관을 없앨 때도 이사 같은 '터닝 포인트'를 이용하는 것이 좋습니다. 술을 끊기 위해 제가 이용한 것은 '질병'이었습니다. 술은 약물이고 물질적인 의존성이 있습니다. 따라서 술은 의지력에 의존하는 안이한 방법으로는 끊기가 어렵습니다. 배가 고파서 굶어 죽을 것 같을 때, 의지력만으로 음식을 참을 수 없는 것과 마찬가지입니다.

저는 이시가키섬을 여행하던 중에 독감에 걸려서 거의 5일 내내 침대에 누워서 보내야 했던 적이 있습니다. 기대하던 다이빙은 취소

했고, 술은커녕 식사도 제대로 하지 못했습니다. 하지만 그 5일 동안 술을 전혀 마시지 않고 지내보니 평소보다 술을 마시고 싶다는 욕구가 줄어들었다는 것을 깨달았습니다. 어떤 일을 그만두고 싶을 때 가장 괴로운 것은 사실 '처음 5일'입니다.

저는 이 기회를 잘 활용했습니다. 술을 끊고 나서 20일 동안은 여전히 술을 마시고 싶다는 욕구가 남아 있어서 다른 사람이 술 마시는 모습을 보면 부러웠습니다. 그러나 한 달이 지나자 신기하게도 술을 봐도 마시고 싶다는 생각이 전혀 들지 않았습니다. 저와 함께 블로그를 운영하는 누마하타 나오키도 치과치료를 위해 입원한 것을 계기로 술을 끊었습니다. 금연에서도 비슷한 이야기를 자주 들을 수 있습니다. 아프면 우울해지지만, 몸이 평소와 다른 상태라는 것은 버리고 싶은 습관을 버릴 수 있는 절호의 기회이기도 합니다.

제가 집 안의 잡다한 물건들을 대대적으로 처분한 계기도 생각해보면 애인에게 차였기 때문이었습니다. 그때 기록을 보면 절에 자주 갔습니다. 자신을 돌아보고 싶었던 것입니다. 그런 터닝 포인트는 나쁜 습관을 버리고 나를 변화시키는 원동력이 됩니다.

가장 절박하게 필요할 때 내려놓기

술을 끊은 시기도 좋았습니다. 마침 1월이었기 때문에 블로그에 술을 끊는 것이 새해 목표라고 곧바로 선언했습니다. 시골로 이사했던 것도 다행이었습니다. 한동안 이동수단은 도보나 자전거뿐이었고, 근처에 자판기나 바로 술을 살 수 있는 편의점도 없었습니다. 그런 환경도 도움이 되었습니다.

물건을 버릴 때 효과적인 방법은 가장 필요할 때 버리는 것입니다. 저는 언제부터인가 머리카락에 왁스를 바르고 싶지 않았습니다. 그래서 왁스 바르기를 그만두는 날을 멋진 여성과 데이트하기로 한 날로 결정했습니다. 가장 필요할 때 버렸기 때문에, 그 후의 상황도 견딜 수 있었습니다.

술도 마찬가지였습니다. 어느 정도 나이가 들자 여성과의 관계는 항상 술로 시작됐고, 데이트에 술이 빠지지 않았습니다. 가장 어려운 그날만 넘기면 일상에서 사소하게 술을 마시고 싶은 욕구가 생겨도 무시할 수 있었습니다.

최대의 위기는 금주한 지 4개월 뒤, 뉴욕의 한 레스토랑에서 찾아왔습니다. 전작《나는 단순하게 살기로 했다》가 영어로 번역되어 출판 기념으로 강연을 하러 갔습니다. 현지 편집자, 번역가, 에이전트와 함께 출판기념회를 열었습니다. 뉴욕이라는 멋진 장소에서 특별한 사람들과 함께, 아마도 인생에서 몇 번 없을 축하 자리였습니다. 그러나 이 자리에서도 술을 거절할 수 있었고, 비로소 제 금주가 완성되었다는 느낌이 들었습니다.

완전히 끊는 것이
더 쉽다

18세기 영국의 문학가 사무엘 존슨Samuel Johnson은 친구가 와인을 조금만 마시라고 권하자 이렇게 대답했습니다. "'조금' 마신다는 것은 불가능해. 그래서 절대로 입에 대지 않는 거야. 끊는 건 쉬워도 양을 조절하는 것은 어렵거든." 저는 이 의견에 전적으로 동의합니다.

술을 완전히 끊는 것보다는 일주일에 1, 2번 정도만 마시면 술을 마시는 즐거움도 포기하지 않으면서 지속하기 쉬울 것 같다는 생각이 듭니다. 그러나 제 대답은 '절대 그렇지 않다'입니다. 저도 예전에는 술을 완전히 끊으면 너무 외로워질 것 같아서, 술을 마셔도 되는 여러 가지 예외 규칙들을 고안했었습니다. '연인과 함께 있을 때는 OK', '여행 중에는 OK', '친구의 결혼식은 특별하니까', '특별한 양조장과 좋아하는 브루어리의 맥주만 마신다' 등.

그러다 보면 예외 상황은 걷잡을 수 없이 늘어만 갔습니다. 이제 '누군가와 함께 있을 때는 OK로 하자', '오늘은 특별한 날로 하자'는 이야기가 나오기 시작합니다. 그렇게 규칙은 복잡해지고, 오늘은 마실지 참을지 고민하게 됩니다. 즉 '의식'을 불러오기 때문에 더 이상 습관으로 지속하기가 어렵습니다.

철학자 이마누엘 칸트Immanuel Kant는 하루에 한 번만 파이프로 담배를 피우기로 했는데, 세월이 흐르면서 파이프가 점점 커졌다고 합니다. 규칙에 예외를 두면 제대로 지키기가 매우 어려움을 보여주는 에피소드입니다.

자제하거나 인내하면 실패다

무언가를 하지 않겠다고 맹세하는 것은
그 일을 하고 싶게 만드는 가장 확실한 방법이다.
• 마크 트웨인

예외를 많이 만드는 것은 '술은 즐거운 것'이라는 인식이 있기 때문입니다. 그런 인식이 있는 한 금주는 불가능합니다. 즐거운 것이라고 생각하면, 즐기지 못하는 날은 '인내'가 되어버립니다. 참는다는 것은 보상이 없는 상태입니다. 사람은 보상이 없는 일을 지속할 수 없습니다.

어떤 습관을 버릴 때 금지하는 말을 사용하지 않는 것도 하나의 방법입니다. '술을 마시면 안 된다'고 생각하는 대신 '이제 술을 마시지 않아도 된다'고 생각합시다. 장점보다는 자신이 느꼈던 괴로움에 초점을 두는 것입니다.

술을 끊었다고 말하면 자제력이 강하다는 말을 자주 듣습니다. 그러나 그것은 전혀 다른 이야기입니다. 매번 술의 유혹을 뿌리친다면 자제력이 강하다고 할 수 있습니다. 그러나 1장에서 설명했듯이 의지력이 강하다고 생각했던 사람들은 애초에 유혹을 받지 않았습니다.

예를 들어 술집에 갔다고 합시다.

술을 마신다.
▶ 술을 마시지 않는다.

이런 식으로 어느 쪽을 선택할지 고민하다가 '술을 마시지 않는다'를 선택하는 것이 아니라는 말입니다.

'술을 마신다'는 선택지는 회색으로 표시되어 애초에 선택할 수 없는 상태입니다. 같은 행동을 여러 번 반복하면 뇌의 시냅스가 결합되는 부분인 수상돌기 가시가 실제로 두꺼워진다는 것은 앞에서도 설명했습니다. 그러나 반대로 반복하지 않으면 마치 잠든 것 같은 상태가 됩니다(알코올 중독을 극복한 사람이 술을 한 잔만 마셔도 다시 원래대로 돌아가는 것은 여기에 이유가 있을 것 같습니다).

저는 이제 맥주의 상쾌함이나 취기가 올랐을 때의 알딸딸한 기분이 잘 기억나지 않습니다. 그래서 애초에 술을 마시고 싶다는 욕구 자체가 생기지 않습니다. 술을 마시는 어른을 이해하지 못하는 초등학생과 비슷한 상태가 된 것입니다. 예전에는 위스키도 스트레이트로 곧잘 마셨지만, 지금은 알코올 도수가 높은 술 냄새를 맡으면 어린 시절처럼 속이 울렁거리고 어지럽습니다.

술이 대체할 수 없는 존재가 된 사람들에게는 상상도 할 수 없는 일입니다. 뜨거운 햇볕 아래서 즐겁게 달리는 사람들을 보며 '저 사람은 왜 저런 짓을 하는 걸까' 하고 생각하는 것과 같습니다.

술이나 담배로 해소할 수 있는 스트레스는 그것을 끊었을 때의 스트레스뿐이라는 말이 있습니다. 저도 예전에는 술을 마시지 않으면 인생의 즐거움이 70퍼센트 정도로 줄어들지 않을까 생각했습니다. 그러나 술을 마시지 않는 초등학생이 즐거워하는 모습을 보면 그것이 틀렸음을 알 수 있습니다. 대파는 베어내도 다시 자랍니다. 마찬가지로 무언가를 버리면 다른 즐거움이 더 넓게 펼쳐집니다.

실패했다면 아예 과감하게 바꿔보자

목표 설정의 중요성에 대해 좋아하는 에피소드가 있습니다. 예전에 마쓰시타 전기산업(현 파나소닉)은 경비 절감을 위해 '전기요금 10퍼센트 줄이기'라는 목표를 세웠는데 실패로 돌아갔습니다. 이에 회사 임원들이 모여서 이런저런 대책을 논의하던 중, 사장 마쓰시타 고노스케가 이렇게 말했습니다. "알겠습니다. 그러면 목표를 바꿔서 10퍼센트 절감이 아니라 50퍼센트 절감을 목표로 합시다."

10퍼센트 절감이라는 소극적인 목표는 달성하기가 오히려 더 어려워집니다. 그러나 50퍼센트를 절감하려고 하면 발상의 틀 자체를 바꿔야 합니다. 제가 나쁜 습관을 버리려면 완전히 끊는 편이 더 쉽다고 생각하는 이유도 이와 비슷합니다.

반드시 대가를
치러야 한다

네가 버린 것, 버리려고 하는 것의 크기를 보면
네가 손에 넣으려고 하는 것의 크기도 알 수 있다.

• 《신들의 봉우리》 중에서

습관을 버리거나 몸에 익힐 때 명심해야 할 것은, '좋은 것만 취하는 것'은 불가능하다는 점입니다. 작가 존 가드너John Gardner는 "법을 어기면 반드시 대가를 치르게 되고, 법을 지켜도 반드시 대가를 치르게 된다"고 말했습니다. 예를 들어, 헬멧을 쓰지 않고 오토바이를 타면 매우 위험하고 경찰에 붙잡힐 수도 있습니다. 반면에 법에 따라 헬멧을 쓰면 안전하지만 답답하고 오토바이가 주는 해방감은 사라집니다.

[나쁜 습관을 버리지 못하는 이유]
좋은 것만 가지려 한다

마찬가지로 저도 술을 끊은 대가를 치르고 있습니다. 즐거운 모임이나 축하 자리에서도 술을 마시지 않으니 저를 불쌍하게 보는 사람도 있습니다. 저도 술을 좋아하던 시절에는 술을 마시지 않는 사람을 마음 한구석으로 심심한 사람이라고 생각했기 때문에 잘 압니다. 술을 끊고 나서 주위 사람들은 이런 다양한 반응을 보였습니다.

- 친구: 조금은 괜찮지 않아? 한 잔만 마셔.
- 어머니: 왠지 인생이 허전하겠네.
- 신주쿠의 술집 사장님 : 쓸데없는 짓은 관둬!
- 프랑스인 지인 : 오오….

과거에 저는 물건을 너무 좋아했기에, 그것을 버렸다고 해서 물건 자체의 가치를 부정하지는 않았습니다. 앞에서 말했듯이 술에 대해서도 마찬가지지만 오해를 부르기도 합니다. 마음속으로 자신도 끊고 싶다고 생각하는 사람일수록 끊는 데 성공한 사람을 보면 화가 날 수 있습니다. 청소를 못하는 사람이나 물건을 버리지 못하는 사람이 미니멀리스트에게 분노를 느끼는 경우가 있는데, 그것은 그 사람의 마음속 어딘가에 자신도 그런 삶을 살고 싶다는 마음이 있기 때문입니다. 자신이 진심으로 옳다고 생각하는 일을 하고 있다면, 자신과 다른 행동을 하는 사람에게 동정심은 들지언정 분노를 느끼지는 않을 것입니다.

그런 대가를 치르고도 술을 마시지 않아서 얻는 장점이 많습니다. 규칙적인 생활을 할 수 있게 되었고, 건강도 좋아졌습니다. 술을 마시는 데 나가던 돈과 쓰레기도 줄었습니다. 취해서 실수하거나 문제를 일으키지 않게 되었고, 하루가 끝날 때까지 맑은 정신으로 깨어있을 수 있습니다. 무엇보다 술의 유혹을 '참지' 않아도 되는 평온한 생활이 찾아왔습니다. 습관을 버릴 때 중요한 것은, 어떤 대가를 치르더라도 우선순위에 두고 싶은 것이 있는지를 따져보는 일입니다. 끊었을 때의 대가가 클수록 얻는 것도 커집니다.

무라카미 하루키는 매일 달리기를 하고, 소설을 집필할 때는 매일 글을 씁니다. 규칙적인 생활을 유지하기 때문에 가까운 사람의 초대를 거절하는 일이 많다고 합니다. "인간관계는 확실히 나빠지는 게 사실이다. 화를 내는 사람도 있다"고 했습니다. 그에게 소설을 쓰는 데 가장 중요한 것은 불특정 다수인 독자와의 관계이며, 그것을 우선으로 여기기 때문에 가까운 사람에게 미움받는 일을 대가로 치르는 것입니다.

습관의 신호와
보상을 파악한다

찰스 두히그는 나쁜 습관 하나를 없애고 싶었습니다. 그는 직장에서 매일 오후가 되면 카페에 가서 초코칩 쿠키를 사서 동료들과 잡담을 나누며 먹었습니다. 이 습관 때문에 그는 몇 킬로그램이나 살이 찌고 말았습니다. 이 습관을 없애기 위해 취한 일련의 행동들을 설명해보겠습니다.

문제가 되는 루틴은 '초코칩 쿠키를 먹는 일'로 명확합니다. 때문에 먼저 해야 할 일은 이 루틴을 시작하는 신호가 무엇인지 파악하는 일입니다. 앞에서도 말했듯이 찰스 두히그는 신호를 다음 5가지로 분류했습니다.

- 장소: 어디에 있었는가?

- 시간: 몇 시였는가?

- 심리 상태: 어떤 기분이었는가?

- 다른 사람: 다른 사람이 있었는가?

- 직전 행동: 무엇을 하고 있었는가?

며칠 동안 기록해보니, 매일 오후 3시부터 4시가 되면 쿠키가 먹고 싶어진다는 것을 알게 되었습니다. 그 다음에 할 일은 진정한 보상이 무엇인지 확인하는 일이었습니다. 앞서 언급한 행동들에는 '업무 중 기분 전환', '쿠키의 당분', '동료와의 유대감' 등 다양한 보상이 포함되어 있습니다. 그래서 각각의 보상을 하나씩 없애보면 자신이 정말 원했던 보상이 무엇인지 알 수 있습니다.

결과적으로 그가 얻고 싶었던 보상은 '업무 중 기분 전환'으로, 동료들과 잡담을 나누는 것이었습니다. 그래서 그는 오후 3시 30분에 알람을 맞추고 그것을 신호로 삼았습니다. 알람이 울리면 동료들 곁에 가서 대화를 나누는 습관을 들였습니다. 초코칩 쿠키는 정말로 필요한 보상이 아니었던 것입니다.

SNS에서 얻을 수 있는 보상

저는 수시로 엑스(구 트위터)를 확인하는 습관이 있습니다. 다른 사람이 올린 글은 상관없지만, 아무래도 제가 올린 트윗에 대한 반응이 궁금했습니다. 이 책의 원고를 쓸 때도 뇌가 활성화되었는지 아이디어들이 잇달아 떠올라 그것을 엑스에 올리고 싶었습니다. 그러나 그것을 전부 올리고 반응을 보고 있으면 원고는 1장도 쓰지 못할 게 뻔했습니다.

그래서 저는 스마트폰 메모장에 '엑스'라는 이름의 파일을 만들었습니다. 엑스에 올리고 싶은 아이디어가 떠오를 때마다 엑스 대신 메모장에 적었습니다. 효과는 대단했습니다. 제가 엑스를 자주 확인하는 건 '좋아요'가 좋아서라고 생각했는데, 더 큰 보상은 떠오른 아이디어를 까먹지 않고 '저장'할 수 있다는 것이었습니다. 누가 알아주든 말든 떠오른 아이디어를 기록해두는 것만으로도 상당한 만족감을 얻을 수 있었습니다.

무언가를 하고 싶은 욕구나 보상 자체를 없애는 일은 어렵습니다. 바꿀 수 있는 것은 루틴의 내용입니다. 이때 도움이 되는 것이 스마트폰의 카운터 애플리케이션입니다. 이 애플리케이션들은 버튼을 누르면 '1, 2, 3…' 하는 식으로 숫자가 늘어가는, 단순히 무언가를 세는 방식입니다.

예를 들어, 엑스를 열고 싶다는 충동이 들었을 때, 엑스를 여는 대신에 애플리케이션을 열고 버튼을 누릅니다. 그러면 성취감과 보상을 느낄 수 있어서 거기에서 욕구가 잠시 멈춥니다. 다리를 꼬거나 코를 긁는 등 어떤 버릇을 고치는 데도 사용할 수 있습니다. 무언가 하고 싶다는 생각이 드는 순간 대신 탭을 하는 루틴을 만드는 것입니다. 하루가 끝날 때쯤 '10'이든 '20'이든 숫자가 쌓여 있으면 만족감을 느낄 수 있습니다.

탐정이 되어
나쁜 습관의 범인을 찾아라

저는 몇 년 동안 아침에 일찍 일어나는 것을 목표로 삼아왔지만, 도저히 할 수 없었습니다. 일찍 일어나지 못하는 이유도 다양했습니다. 용의자가 너무 많았기 때문에 탐정처럼 진짜 범인을 찾아내야합니다. 저는 '일찍 일어나는 사람 살인사건'을 다음과 같이 추리했습니다.

- 일어나고 싶은 시간에 알람이 울려도 알람을 꺼서 일어나지 못한다.
- 아무래도 '알람이 울리면 바로 끄는' 습관이 몸에 배어 있는 것 같다.

애초에 필요한 만큼 잠을 충분히 자면 자연히 눈이 떠질 것입니다. 그렇다면 아무래도 수면 시간이 충분하지 않은 것 같습니다. 충분한 수면 시간을 확보하지 못하는 것은 밤에 술을 마시고 늦게 잠들기 때문입니다. 게다가 술 때문에 잠이 얕게 들었을 가능성도 있습니다. 그렇군요, 그럼 술이 첫 번째 용의자입니다.

그런데 안주 때문일 수도 있습니다. 안주를 잔뜩 먹고 배가 부른 상태로 잠에 들면 소화를 위해 필요 이상으로 수면 시간이 길어졌을 가능성도 배제할 수 없습니다. 베개가 너무 높거나 낮아서 나에게 맞지 않을 가능성도 있지만, 술이 범인이라는 설이 유력합니다. 그렇다면 저는 왜 술을 마시는 것일까요? 다른 공범이 있는 것은 아닐까요?

사건을 조사하던 중, 어느 날 문득 그날의 조서(일기)를 발견했습니다. 그날도 역시 전날 술 마신 것을 후회하고 있었습니다. 당시 일기 내용은 이렇습니다.

「업무 중에 써야 할 원고에 전혀 손을 대지 못해서 우울했다. 집에 돌아오는 길에 들른 마트에서 맥주를 사는 것은 어떻게든 참았지만, 대신 감자칩을 샀다. 그러나 그것을 몇 분 만에 다 먹어치우자 자기부정감이 생겼다. 그렇게 한 번 참았던 맥주를 향한 욕구를 억제하지 못하고 근처 가게로 달려가 한 잔을 들이킨 후에는 멈출 수가 없었다. 이번에는 도수가 더 높은 술을 사러 다시 가게로 달려갔다.」

이 악순환의 시작은 뭘까요? 아무래도 써야 할 원고에 손을 대지 못한 것, 그리고 그 일로 불안을 느낀 것입니다. 이 녀석이 저를 일찍 일어나지 못하게 만든 진짜 범인이었습니다.

이렇게 습관이 무너지거나, 반대로 제대로 형성되어갈 때의 상황을 깊이 파헤쳐보는 일은 의외로 즐겁습니다.

'원래 그런 사람'은
세상에 없다

기자나 편집자 중에는 책상 위에 책이나 서류를 산처럼 쌓아놓는 사람이 많습니다. 저도 예전에는 그랬습니다. 물론 참고 자료가 많이 필요하고 바쁜 일인 것은 맞지만, 막상 책상 위에 아무것도 두지 않으려고 노력해보니, 업무에 방해가 되기는커녕 오히려 더 편하게 일할 수 있었습니다.

기자들이나 편집자들에게는 어딘지 모를 허세 같은 것이 있습니다. 일을 잘하려면 책상 위에 서류도 산처럼 쌓아놓아야 합니다. 어쩌면 '정리할 여유가 없을 정도로 맹렬하게 일하고 있다'는 것을 어필하려는 것이 아닐까요?

천재는 영감을 기다리지 않는다

이처럼 직업에는 그런 식의 환상이 따라붙습니다. 작가는 마감을 지키지 못하는 사람, 예술가는 영감이 떠오르기를 기다리는 존재입니다.

무라카미 하루키도 한때 다른 작가에게 '원고는 마감일이 다가와서 쓰는 것'이라는 말을 들었다고 합니다. 마감 시간 직전까지 끈질기게 버티다가 영감이 떠오르면 멧돼지처럼 원고지에 돌진해서 써내려간다는 것입니다.

앞에서도 소개한 161명의 작가와 예술가들의 일상을 담은 《리추얼》을 읽으면 그런 환상이 보기 좋게 깨집니다. 실제로 자기 분야에서 활약하는 사람들의 일상은 상당히 규칙적입니다. 화가 척 클로스Chuck Close는 "영감이 떠오를 때 그림을 그린다는 것은 아마추어 같은 생각이고, 프로는 그저 시간이 되면 작업에 착수할 뿐이다"라고 말했습니다. 작곡가 존 애덤스John Adams도 "내 경험에 비추어보자면, 정말로 창의적인 사람들의 작업 습관은 지극히 평범하고 특별히 흥미로운 점이 없다"고 단호하게 말했습니다.

나는 원래 이런 사람?

제가 말하고 싶은 것은 이런 직업들에 관련된 것뿐 아니라 자신이 생각하는 정체성도 바꿀 수 있다는 점입니다. 예전에 저는 스스로를 '야행성 인간', '술이 없으면 살 수 없는 인간'이라고 생각했습니다. 그리고 우리 가족은 대부분 살이 많이 쪘기 때문에 나 역시 살이 찐 시절에는 '이런 체질은 유전이다'라고 생각했습니다.

실제로는 과거에 그렇게 될 수밖에 없는 습관을 반복해왔을 뿐, 그것이 불변하는 것은 아닙니다. 자신이 미니멀리스트라고 해서 정말로 갖고 싶은 물건까지 내다버리는 것은 어리석은 짓입니다. 현재 자신의 정체성이 미래의 행동을 속박해서는 안 됩니다.

우선은 '키스톤 해빗'을 공략한다

'키스톤 해빗keystone habit'이라는 습관이 있습니다. 하나의 습관을 익히면 다른 습관에 도미노같이 긍정적인 영향을 미치는, '핵심'이 되는 습관을 말합니다. 대표적으로 정리정돈, 운동, 일찍 일어나기 등을 들 수 있습니다.

저에게 키스톤 해빗은 역시 미니멀리즘에서 시작된 정리정돈이 었습니다. 옷과 그릇을 줄이자 빨래나 설거지 등을 애초에 쌓아두는 것 자체가 불가능해졌습니다. 그래서 꾸준히 하게 되었고, 매번 양이 그리 많지 않아서 간단해집니다. 그러다 보니 지금까지 싫어했던 집안일이 전반적으로 좋아졌습니다. 싫어했던 것이 조건이 바뀌자 좋아진 것입니다. 제가 습관에 흥미를 가지게 된 첫 번째 계기가 이 것입니다. 사람은 쉽게 할 수 있고 보상이 있는 일을 좋아하고, 이것은 습관으로 만들 수 있습니다.

미니멀리즘은
모든 습관의 문턱을 낮춘다

물건을 엄선해서 고르게 되니 쇼핑이나 물건을 관리하는 시간도 줄어들었습니다. 절약한 시간은 새로운 습관을 만드는 데에도 도움이 되었습니다. 물건을 줄이면 다른 모든 습관의 문턱을 낮출 수 있다는 것이 가장 큰 장점입니다.

가령, 제가 요가에 습관을 들일 수 있었던 것은 방에 물건이 적어서 요가매트를 꺼내 놓기가 쉬웠기 때문입니다. 만약 옷이 너무 많아서 운동복을 찾을 수가 없으면 그것만으로도 헬스장에 가기 싫어집니다. 아무리 일찍 일어나도 지저분한 방에서 일어나는 것과 깨끗한 방에서 일어나는 것은 기분이 다릅니다. 저는 미니멀리즘이 다른 습관을 익히는 데 상당히 만능이라고 생각합니다.

습관을 만들 때, 어디서부터 시작해야 할지 고민하는 사람이 있다면 저는 첫걸음으로 물건 줄이기를 추천합니다. 적절하게 물건을 줄이면 애초에 어지럽히는 일 자체가 줄어듭니다. 복잡한 정리정돈 기술을 터득하지 않아도 정리가 습관이 됩니다.

습관을 들이는 순서는 나에게 맞게

물론 습관을 익히는 순서는 사람에 따라 다릅니다. 운동 습관을 먼저 들이는 사람도 있습니다. 근력 운동으로 신체를 단련하는 습관이 생기면 자연스럽게 옷태가 좋아지고, 옷은 청바지에 티셔츠만 입어도 충분하다고 생각하게 되었다는 사람이 있습니다. 그다음 옷을 줄이는 일부터 시작해서 다른 소지품까지 줄여나갔습니다. 다이어트부터 시작하는 것이 좋다는 사람도 있을 것입니다. 아놀드 슈왈제네거Arnold Schwarzenegger처럼 근육을 단련하는 보디빌딩 습관에서 시작해서 배우, 정치인으로 커리어를 쌓은 사람도 있습니다.

'일찍 일어나기'는
좋은 습관 대장

일찍 일어나기도 중요한 습관입니다. 하교나 퇴근 시간이 불규칙한 사람들도 많겠지만, 아침에 일어나는 시간은 스스로 선택할 수 있습니다. 기상 직후는 집중력이 가장 높은 시간이고, 하루를 보내다 보면 예상하지 못한 일이 불쑥불쑥 일어나기 때문에 집중하고 싶은 일은 아침에 하는 것이 좋습니다.

　저는 기본적으로 충분한 수면 시간을 확보하고 있기 때문에 아침에 일찍 일어나는 것이 크게 괴롭지는 않습니다. 그러나 조금 일찍 잠에서 깨면 좀 더 자고 싶다는 생각이 드는 아침도 있습니다. 이를 극복하는 방법은 일찍 일어나는 습관에 '모든 습관의 전적인 책임'을 지게 하는 것입니다.

지금까지 일기장이나 애플리케이션에 여러 가지 습관을 기록해왔는데, 일찍 일어나지 못하면 그다음에 실천해야 할 습관인 요가도, 명상도 넘어가는 경우가 많았습니다. 1장에서 말했듯이 일찍 일어나지 못해서 자기부정감이 생기고 의지력을 잃은 것입니다. 그러면 남은 하루를 빈둥거리며 보내게 됩니다.

일찍 일어나는 습관에 실패하면 나머지 습관 전부가 무너집니다. 그런 의미에서 일찍 일어나기는 습관의 선봉이며 대장입니다. 가장 먼저 나오는 선봉장이고, 패배하면 뒤따라오던 습관도 무너지고 마는 장군이라는 뜻입니다.

일찍 일어나는 책임을 무겁게 했더니 전보다 쉽게 일어날 수 있었습니다. 그 후에 하는 요가로 몸을 움직이면 머리가 금세 맑아집니다. 몇 번이고 그 습관을 반복하다 보면 '어차피 5분 후에는 눈이 번쩍 떠질 테니까'라는 기분이 들어서 기분 좋게 일어날 수 있습니다.

STEP 10

자기 관찰 일기를
쓴다

가능한 한 초기에 익혀두면 좋은 습관은 일기 쓰기입니다. 일기는 자신을 관찰하는 기록이기 때문입니다. 예를 들어, 이 책을 읽었다고 해서 단 한 번도 실패하지 않고 좋은 습관을 익힐 수 있는 사람은 없을 것입니다. 그러므로 실패한 내용을 자세히 기록하는 것입니다. 어떤 상황에서 어떤 식으로 변명을 만들어내서 실패했는지 글로 남깁니다. 그렇게 해두면 언젠가 비슷한 상황이 또 찾아왔을 때 쉽게 대처할 수 있습니다.

심리학자 켈리 맥고니걸Kelly McGonigal은 어떤 행동을 '선택한 순간'을 돌이켜보는 일이 중요하다고 주장합니다. 자신이 언제 습관을 끊기로 결정했는지, 어떤 식으로 그럴듯한 변명을 만들어 도망갔는지, 기록을 통해 되짚어보는 것입니다.

자신의 숨겨진 성향을 알 수 있다

기록으로 남기지 않으면 사실이라도 얼마든지 자신에게 유리하게 왜곡할 수 있습니다. 대표적으로 '동기화된 추론'이라는 심리현상이 있습니다. 먼저 '할 것인가, 말 것인가'를 정한 뒤에 그 이유를 꾸며내는 일을 말합니다.

저는 단것을 끊으려고 애쓰다가 한동안 참지 못한 적이 있습니다. 그때 저는 일기에 이렇게 썼습니다. '단것을 아예 안 먹는 것보다 가끔 치팅 데이cheating day를 정해놓고 한 번에 먹는 게 효과적이라고 한다.' 치팅 데이는 다이어트를 할 때 1, 2주에 하루 정도는 먹고 싶었던 것을 마음껏 먹는 날입니다. 그 결과, 또 수없이 많은 치팅 데이를 만들고 말았습니다. 술을 끊을 때 쓴 일기도 다시 읽어 보면 '레드와인은 지방연소 효과가 있다는 사실이 밝혀졌다!', '오늘은 증쇄를 축하하는 날이다!'라며 여러 가지 이유를 붙여서 술을 마셨습니다. 사실은 증쇄를 축하하고 싶었던 것이 아니라 그저 술을 마시고 싶었을 뿐입니다.

그럴듯한 이유를 고안해내기 시작하면 더 이상 멈출 수 없습니다. 기록해두지 않으면 자신이 어떤 식으로 이런 이유를 만들어냈는지 기억마저 조작하게 되고, 같은 실수를 반복하게 됩니다. 기록은 무자비합니다. 저는 술을 딱 한 잔만 마시려고 했는데 멈출 수가 없었다는 이야기를 일기에 몇 번이고 적었습니다. 이렇게 기록을 계속하면서 마침내 깨달았습니다. 저에게 술을 한 잔만 마신다는 것은 절대 이룰 수 없는 꿈이라는 것을.

신경 쓰이는 체중의
명확한 커트라인

일기로 자신을 관찰하면 자신의 숨겨진 경향을 알 수 있습니다. 저는 키가 176센티미터인데, 체중이 67킬로그램을 넘으면 평소에도 배와 턱살에 신경이 쓰이고 집중력이 떨어집니다. 그 체중을 넘겼을 때 항상 똑같은 반응이 나타난다는 것을 일기를 통해 깨달았습니다. 그래서 67킬로그램이라는 명확한 체중의 커트라인을 넘지 않도록 의식하고 있습니다. 또한 일기라는 기록을 남김으로써 어떤 상황에서 불쾌한 기분을 느끼는지 객관적으로 파악할 수 있습니다.

일기의 요령은 사실 그대로 쓰는 것

꾸준히 일기를 쓰는 요령은 잘 쓰려고 하지 말고 사실대로 쓰는 것입니다. 사람들은 일기를 쓸 때 유머와 교훈이 담긴 에세이처럼 쓰려고 합니다. 그러면 힘들어서 매일매일 쓸 수 없습니다.《안네의 일기》는 누군가에게 읽힐 것을 전제로 하지 않았지만 엄청난 베스트셀러가 되었습니다. 그러나 '나도 언젠가 안네 프랑크처럼 될 거야'라는 상상은 추천하지 않습니다. 누가 본다고 생각하지 말고, 그저 나만 알 수 있는 기록이면 충분합니다.

제가 일기를 꾸준히 쓸 수 있게 된 것은 오모테 사부로의《인생을 바꾸는 자신과의 대화》(달과소, 2005)라는 책을 읽은 다음부터입니다. 오모테 사부로는 일기를 '기록'이라고 말합니다. 그래서 30년 동안 써온 일기에도 '자몽주스를 마셨다', '담배를 피웠다' 같은 일상의 사실이 쓰여 있습니다. 에세이에 쓸 만큼 인상적이거나 특별한 일은 매일 일어나지 않지만, '사실'은 매일 일어납니다. 그래서 처음에는 사실을 쓰면 됩니다. '몇 시에 일어났고 점심은 새우튀김 정식을 먹었다.' 이런 사소한 사실이라도 꼼꼼히 기록해두면 나중에 다시 읽었을 때 기억이 되살아나서 재밌습니다.

차곡차곡 쌓인 일기는 나쁜 습관을 버리고 좋은 습관을 만들기 위한 그 사람만의 진료 기록이 됩니다. 그에 맞게 약도 스스로 처방할 수 있습니다.

명상으로 '차가운 시스템'을 훈련한다

초기에 익히면 좋을 습관으로는 명상도 추천합니다. 차가운 시스템인 '인지'를 훈련할 수 있기 때문입니다. 명상은 '메타인지metacognition'와 관련된 훈련입니다. 메타인지란 자신이 무언가를 생각하고 느끼는 것 자체를 제3자의 시선으로 바라보는 일입니다. '마시멜로를 먹고 싶다'가 아니라 '마시멜로를 먹고 싶어 하는 내가 있다'고 생각하는 방식입니다.

사람은 하루 7만 가지 일을 생각한다고 하는데, 명상은 그렇게 제멋대로 떠오르는 생각 자체를 의식하고, 의식에서 호흡 등 신체감각으로 되돌려놓는 행위입니다. 호흡이라면 코를 통해 공기가 들어오고, 목구멍을 지나 폐로 들어가고, 다시 되돌아나가는 피부 곳곳으로 의식을 모아봅니다.

실제로 해보면 그것이 보통의 의지나 노력으로는 쉽지 않다는 것을 알 수 있습니다. 의식은 금세 엉뚱한 방향으로 날아가 버리기 때문입니다. 사람의 마음이라는 것은 정말 제멋대로 떠들기 시작합니다. 그러나 계속하다 보면 자신의 욕구나 감정이 움직이기 시작할 때 객관적으로 바라볼 수 있습니다. 생각하는 일 자체를 깨달아가는 연습이 명상이기 때문입니다.

저는 명상도 금세 습관으로 만들었습니다. 방이 이미 정리정돈되어 있어 차분하게 쉴 수 있는 공간이었던 것도 있지만, 명상은 보상이 곧바로 찾아오기 때문이 아닐까 싶습니다. 명상을 끝내고 나면 눈에 들어오는 풍경의 해상도가 높아진 느낌이 듭니다. 뇌에 달라붙어 있던 이런저런 찌꺼기가 떨어져 나간 것처럼 단순하고 상쾌하게 기분이 좋아집니다.

알코올 중독, 부정적인 사고를 낮게 한다

명상은 알코올 중독 치료에도 사용되고 있습니다. 명상을 하면 뇌의 후대상피질posterior cingulate cortex이라는 영역의 활동이 억제되는 것이 밝혀졌습니다. 이 영역은 같은 것을 반복해서 생각하는 일과 관련이 있는데, '나는 형편없는 인간이다', '무엇을 해도 제대로 되지 않는다' 같은 생각만 하기 때문에 강박관념이 생겨나는 것입니다. 그런 자신의 생각을 제3자의 눈으로 보는 데에는 명상이 효과적입니다.

시작하기 전에는
의욕이 나지 않는 것이 정상이다

문제는 의욕이 나지 않는 것이 아니다.
의욕을 내야 한다고 믿는 게 문제다.

● 올리버 버크먼

어느 날, 헬스장에 가서 바벨을 들거나 러닝머신 위에서 달리는 일보다 '헬스장에 가는 것' 자체가 더 어렵다는 사실을 깨달았습니다. 바벨을 들어 올리고 있을 때는 집에 갈까 말까 고민하지 않습니다. 한창 달리고 있는 도중에는 한 걸음 더 달릴까 말까 망설이지 않습니다. 그러나 헬스장에 가기 전에는 '오늘 꼭 가야 하나? 귀찮은데' 하고 망설이거나 '오늘은 도무지 의욕이 없네'라는 생각이 듭니다.

[나쁜 습관을 버리지 못하는 이유]

'의욕'에 의존하기 때문이다

문제는 '동기부여'라는 것이 기다리다 보면 저절로 따라오리라는 생각입니다. 이것이 잘못되었다는 것은 이케가야 유지가 한 말이 완벽하게 표현하고 있습니다.

"시작하지 않으면 의욕은 생기지 않는다. 뇌의 측좌핵nucleus ac-cumbens이 활동하면 의욕이 생기는데, 측좌핵은 무언가를 시작하지 않으면 활동하지 않기 때문이다."

일단 무언가를 하기 시작하면 의욕은 생깁니다. 이 과정을 '작동 흥분 이론work excitement theory'이라고 합니다. 헬스장에 가는 것은 어렵지만, 일단 가서 운동을 시작하면 뇌는 의욕을 만들어내기 때문에 운동을 계속하는 일 자체는 어렵지 않습니다.

뛰고 나면 후회는 없다

중요한 것은 스스로 정한 습관을 지키면 후회할 일이 없다는 것입니다. 저는 하겠다고 마음먹은 습관을 지키지 못해서 후회한 적이 많습니다. 그러나 일찍 일어나서 괜히 일찍 일어났다고 후회하거나, 운동한 후에 '운동 따위를 하다니, 큰일 났다!'고 생각한 적은 단 한 번도 없습니다. 게으름을 피우고 싶다면 '후회하지 않을까?'라는 질문을 스스로에게 던져보는 것도 효과적입니다.

이것은 인생에서 중요한 선택을 할 때도 마찬가지입니다. 교육자 티나 실리그Tina Seelig는 "판단하는 것이 망설여진다면, 나중에 당당하게 이야기할 수 있도록 이야기를 지어내라"고 했습니다. 자신의 인생을 다른 사람에게 이야기할 때, 하고 싶었던 일을 포기한 이유가 '바빠서', '돈이 없어서', '능력이 부족해서'라면 아무도 그 이야기에 귀를 기울이지 않을 것입니다.

일단 진입장벽을
낮추자

동기를 부여하기 위해서는 '일단 시작하는 것'이 중요합니다. 그렇다면 시작은 어떻게 해야 할까요? 그러기 위해서는 철저하게 진입장벽을 낮추는 것이 중요합니다.

　시작의 어려움을 표현한 다양한 비유가 있습니다. '바퀴는 돌아가기 시작할 때 가장 큰 힘이 필요하고, 한 번만 회전하면 계속 도는데에는 큰 힘이 필요하지 않다', '전철은 움직일 때만 모터를 사용하고 이후에는 관성으로 움직인다', '로켓이 발사 직후 몇 분 동안 사용하는 연료는 그 후 80만 킬로미터를 가는 데 쓰는 양보다 많다'.

　예를 들어 영어 공부를 처음 시작했을 때는 아무것도 들리지 않아서 괴롭지만, 점차 알아듣는 부분이 늘어나면 공부가 즐거워집니다. 그래서 바퀴가 움직이기 시작하는, 가장 커다란 힘이 필요한 곳에서 길가에 굴러다니는 돌멩이를 최대한 제거하는 일이 중요합니다.

끊고 싶은 습관의
낮은 장애물에서 배우기

반대로 사람들이 중독되는 행동은 일반적으로 무서울 정도로 진입장벽이 낮습니다. 가령 술을 만드는 일은 매우 번거롭지만, 마시는 것은 간단합니다. 편의점이나 어디서든 쉽게 구할 수 있고, 술잔을 기울이기만 하면 됩니다. 담배도 작고 가벼워서 불을 붙이고 들이마시기만 하면 됩니다. 게임이나 도박을 할 때도 근육이 비명을 지르게 하거나 땀을 흘릴 필요 없이 손안의 조작만으로 충분합니다.

스마트폰 역시 크기가 작고 쉽게 꺼낼 수 있으므로 의존도가 높아집니다. 만원 전철에서 신문을 작게 접어서 읽는 모습은 이제 찾아보기가 어려운데, 귀찮고 번거로운 행위가 되었기 때문일 것입니다. 언젠가 사람들의 스마트폰 중독을 고민한 정부가 '스마트폰의 크기는 태블릿 PC보다 커야 한다'는 법을 만들지도 모릅니다.

반대로 경제학자 노구치 유키오는 소파에 드러누워 스마트폰으로 책을 쓰기도 합니다. 스마트폰의 낮은 진입장벽을 일하는 데 활용한 것입니다.

아마존이 최대 쇼핑 사이트가 된 방법

행위의 진입장벽을 낮추는 일을 가장 열심히 연구하는 곳은 아마존일 것입니다. 인터넷에서 클릭 한 번으로 결제가 끝날 뿐 아니라 최근에는 스마트스피커에 "알렉사, 콜라를 주문해줘"라고 말하기만 해도 주문할 수 있게 되었습니다.

어딘가에서 재난이 발생하면 인터넷으로 기부를 하고 싶을 때가 있습니다. 그때 새로 아이디와 비밀번호를 입력하거나, 아마존이라면 이미 알고 있을 신용카드 번호를 등록해야 하는 번거로움 때문에 포기하거나 단념하는 경우가 많습니다. 아마존이 편리한 쇼핑의 최고라고 불리는 이유는 진입장벽을 극단적으로 낮추었기 때문입니다.

낮춰야 할 장애물 3가지

낮춰야 할 장애물의 종류는 여러 가지가 있습니다. 바로 '거리와 시간', '순서', '심리'입니다. 하나씩 살펴보겠습니다. 먼저 '거리와 시간'이라는 장애물. 멋진 장소에서 달리는 것은 매우 즐거운 일입니다. 하지만 전철을 타고 1시간이나 가야 한다면 습관이 되기 어렵습니다. 그보다는 집 근처에서 달리기 코스를 찾아야 꾸준히 할 수 있습니다. 헬스장에 다닌다면 무엇보다 집에서 가까운 곳이 좋습니다. 계속하고 싶은 일이 있다면 먼저 거리를 가깝게 해보세요.

다음은 '순서'라는 장애물입니다. 저는 헬스장에 가는 습관을 들일 때, 일단 필요한 물건을 최소화했습니다. 어느 날은 여느 때처럼 운동을 하러 갈지 말지 고민하며 집에서 우왕좌왕하고 있었습니다. 그래서 제가 헬스장에 갈 때의 순서를 전부 나열해보고 무엇이 걸림돌이 되는지 생각해보았습니다.

헬스장은 집에서 가깝고, 차를 타면 금세 도착합니다. 그러다가 발견한 장벽 중 하나는 '꽉 끼는 타이츠를 입고 벗는 것이 귀찮다'는 것이었습니다. 사소한 일이지만, 그런 것들이 쌓이면 의욕이 꺾이기도 합니다. 운동할 때 타이츠를 입는 편이 더 멋있다고 생각하지만, 입고 벗기 편한 반바지를 입기로 했습니다. 스포츠음료를 챙겨 가던 것도 그만두고 그냥 물을 마시기로 했습니다. 신발과 갈아입을 옷을 넣는 가방도 어쨌든 넣고 빼기 쉬운 것으로 바꾸었습니다. 작은 일이지만 결과적으로 헬스장에 가는 습관이 생겼으니 큰 효과를 거둔 셈입니다.

순서의 장벽을 낮추는 일에 관해서 이런 재밌는 조언도 있습니다. 마라톤 선수 다니가와 마리는 겨울에 매일 아침 달리기를 하고 싶다면 바로 달릴 수 있는 옷을 잠옷으로 입으라고 권했습니다. 확실히 겨울 아침에 일어나서 옷을 갈아입으면서 느끼는 추위와 번거로움이 사라지면 습관을 만들기 쉬울 것입니다.

마지막으로 심리적인 장애물도 크게 방해가 됩니다. 저는 처음 요가교실에 갔을 때 여러 가지 장벽을 느꼈습니다. '몸이 너무 뻣뻣해서 웃음거리가 될지도 몰라', '전부 여자고 나만 남자면 어쩌지?' 등. 그러나 이런 장벽은 초보자라면 누구나 느끼는 것입니다. 요가에서 '자주 묻는 질문'에 나와 있는 내용입니다. 몸은 몇 살이어도 부드러워질 수 있습니다. 몸이 굳은 사람이 원래 유연했던 사람보다 더 극적인 변화를 경험할 수 있고, 무엇보다 요가의 목적은 동작을 취하는 일이 아닙니다. 조금만 익숙해지면 남자가 적은 클래스가 오히려 쾌적할지도 모릅니다.

조그마한 장애물도
놔두지 않는다

웹페이지가 열리는 시간이 2초일 때까지는 뒤로 돌아가는 비율이 9퍼센트 정도지만, 5초가 지나면 40퍼센트에 가까운 사람이 그 웹사이트를 포기한다고 합니다. 요컨대, 웹사이트에 아무리 재밌는 콘텐츠가 있든, 얼마나 멋진 상품을 팔든, 시간이 오래 걸리면 나가버린다는 것입니다.

일기를 쓰려고 마음을 먹어도 프로그램을 여는 데 지나치게 오래 걸리면 기운이 한풀 꺾이고 맙니다. 그래서 저는 습관이 들기 전까지는 운영체제에 기본으로 제공되는 메모장을 사용했습니다. 빠르게 시작할 수 있고 오류도 적어서 도중에 그만둘 일이 없습니다.

아주 작은 장애물에도
의욕은 꺾인다

사람의 '의욕'은 약간의 장애물만 있어도 쉽게 날아가 버립니다.

행동경제학자 댄 애리얼리Dan Ariely가 소개한 사례는 상당히 충격적입니다. 인공 고관절 치환 수술을 고려할 때, 아직 시도해보지 않은 약이 한 종류뿐이라면 수술을 하지 않는 의사가 많았습니다. 한 가지 약이라도 더 시도해본 다음에 수술 여부를 판단하겠다는 것입니다. 그러나 약이 2종류 누락되었다는 것을 알게 되면, 그냥 수술을 선택하는 경우가 많았다고 합니다. 조금 번거로운 작업일 뿐인데도 의사들은 수술을 택한 것입니다.

사후 장기기증 같은 중대한 문제에도 비슷한 사례가 있습니다. "기증을 원하시는 분은 체크해주세요"라고 질문하면 장기기증 비율이 낮아집니다. 하지만 "기증을 원하지 않으시는 분은 체크해주세요"라고 질문하면 장기기증하는 비율이 높아졌습니다. 즉, 장기기증 같은 어려운 문제를 눈앞에 두면 사람은 판단을 보류하고 '디폴트(초기 설정값)' 상태를 선택한다는 것입니다.

버리고 싶은 습관은
진입장벽을 높여라

피스타치오는 딱딱한 껍질을 벗기는 것이 번거롭기 때문에 껍질을 벗긴 다른 견과류에 비해 덜 먹게 됩니다. 이것을 저는 '피스타치오 이론'이라고 부릅니다. 버리고 싶은 습관이 있다면 이런 피스타치오의 껍질처럼 이용할 것이 없는지 찾아보고, 일단 진입장벽을 높여야 합니다.

저는 SNS 애플리케이션을 스마트폰에 설치해두면 나도 모르게 자꾸 보게 돼서 애플리케이션을 설치하지 않고 웹브라우저로 봅니다. 그리고 다 보고 나면 매번 로그아웃을 합니다. 이렇게 해두면 다시 보고 싶어도 비밀번호를 입력하고 2단계 인증을 해야 하는 번거로움이 있기 때문에 중간에 SNS를 보고 싶은 마음이 사라지기도 합니다.

152

저는 대학 입시를 준비할 때도 공부하는 습관을 만들기 위해 책상에서 쉽게 벗어날 수 없도록 머리를 썼습니다. 벽을 등지고 의자에 앉은 뒤 책상을 배꼽까지 끌어당깁니다. 공부를 하다가 잠시 쉬고 싶으면 무거운 책상을 뒤로 밀어야만 의자에서 일어설 수 있도록 한 것입니다. 이러한 물리적인 구속은 상당히 효과적이었습니다.

물리적으로 자신을 묶어두는 것은 다양한 상황에서 효과적입니다.

- 아침에 일어날 때 바로 알람을 끄지 않도록 스마트폰을 침대에서 멀리 떨어뜨려 놓는다.
- 일반 신용카드가 아니라 체크카드로 계좌에 있는 액수만큼만 돈을 쓰면 낭비를 줄일 수 있다.
- 텔레비전이 없으면 애초에 텔레비전을 볼 수 없다.

그레첸 루빈의 《나는 오늘부터 달라지기로 결심했다》(비즈니스북스, 2016)에 다음과 같은 장애물 만드는 법이 소개되어 흥미로웠습니다.

- 빨리 먹는 것을 방지하기 위해 주로 쓰는 손이 아닌 반대쪽 손으로 먹는다.
- 강도가 금고를 열었는데 안에 초콜릿이 들어 있었다(과식을 방지하기 위해. 나 역시 견과류를 부엌이 아닌 자동차 안에 둔다).

- 작가 빅토르 위고는 하인에게 옷을 숨기게 해서 외출하지 못하는 상황을 만들어 집필에 전념했다.
- 호텔에 체크인할 때 미리 미니바를 비워달라고 부탁하는 알코올 중독자도 있다.

내 의지력 따위는 믿지 마라

이렇게 장벽을 만드는 것은 한마디로 자신의 의지력을 신뢰하지 않는다는 뜻입니다. 유혹에 이길 수 없다는 것을 전제로 자신의 나약함을 냉정하게 받아들인 것입니다.

가장 가혹한 예는 그리스 신화의 《오디세이아》에 나오는 내용입니다. 반인반어인 세이렌의 노래는 매혹적이어서 빠져들지만, 들으면 죽음을 불러옵니다. 그래서 오디세우스는 선원들에게 자신을 돛대에 묶어 움직이지 못하게 하고 이렇게 말했습니다. "내가 풀어달라고 애원하면 더 단단히 묶고 더 많이 묶어라."

만화 《허리케인 죠》(서울미디어코믹스, 2000)에서 리키이시 토오루도 같은 행동을 했습니다. 그는 혹독한 체중 감량 중 '나를 방에 가두고 문에 열쇠를 걸어달'고 부탁했습니다. 실제로 열쇠를 잠그자 문을 열어달라고 외치기 시작했습니다. 미래의 자신은 지금의 자신과 다르다는 것을 그는 알고 있었던 것입니다.

초기 투자에
돈을 들인다

저는 작년부터 클래식 기타를 배우기 시작했습니다. 기타는 보통 입문용이 2, 3만 엔이고, 비싼 것은 수백만 엔을 호가하기도 합니다. 물론 예산에 따라 다르지만, 저는 항상 조금 더 좋은 것을 선택합니다. 제가 산 것은 6만 엔짜리 기타입니다.

무언가를 시작할 때 일단 저렴한 도구를 사서 익숙해진 다음에 더 좋은 것을 사자고 생각하는데, 이런 생각도 틀렸다고 할 수는 없습니다. 하지만 어느 정도 금액을 투자하면 그것을 하지 않고 방치하는 일이 나에게 벌칙이 됩니다. 하지도 않는 일에 들인 금액이 떠오르기 때문입니다. 조금 좋은 물건을 고르면 소재나 디자인도 수준이 올라가므로 손이 더 자주 가게 마련입니다.

일단 겉모양부터 신경 쓰는 것도 습관을 만드는 데 도움이 됩니다. 운동을 할 때도 입으면 조금이라도 기분이 좋아지는 옷이나 신발을 준비해두면 처음 힘들 때 잘 이겨낼 수 있습니다. 빗자루를 멋진 수제 빗자루로 바꾸면 귀찮은 청소를 좀 더 즐겁게 할 수 있습니다. 마음에 쏙 드는 디자인의 우산을 사면 장마철이 조금 더 즐거워집니다. 이런 효과도 무시할 수 없습니다.

[나쁜 습관을 버리지 못하는 이유]

"그것이 없으면 절대 안 돼!"

만화가 데즈카 오사무는 원고를 그릴 때 종종 특이한 것을 요구했다고 합니다. "멜론이 없으면 그림을 그릴 수 없다"거나 어느 편의점에서 사도 마찬가지일 텐데 "시모키타자와의 빨간 유부우동이 필요하다"고 말한 일화가 남아 있습니다. 정신이 멍해지는 업무량을 소화하려면 가끔은 이런 요구가 필요했던 것일까요?

　이와는 차원이 전혀 다르지만, 저는 등산을 시작하기 전에 필요한 도구를 갖추지 못해서 투덜거린 적이 있습니다. 기분이 좋아지는 도구를 갖추면 효과적이겠지만, 때로는 일단 산에 올라가보는 추진력도 필요합니다.

목표를
작은 덩어리로 나눈다

'청크chunk'는 '덩어리'라는 뜻입니다. 그 커다란 덩어리를 작은 요소로 나누는 것이 '청크 다운chunk down'입니다. 무언가를 '귀찮다'고 생각할 때, 거기에는 여러 단계가 얽혀 있는 경우가 많습니다. 그래서 귀찮게 여겨지는 일이 있다면 그 일을 하는 데 필요한 순서를 목록으로 작성해 적어보기를 권합니다. 가령 헬스장에 다니려면 다음과 같은 여러 가지 순서를 거쳐야 합니다.

- 운동복을 산다.
- 신발을 산다.
- 월 회비를 확인하고 나에게 알맞은 프로그램을 고른다.
- 신분증을 가지고 헬스장에 방문해 회원증을 만든다.

• 사물함 및 운동기구 사용법을 배운다.

이런 순서를 머릿속으로 되풀이해보면 왠지 번거롭게 느껴집니다. '헬스장에 가려면 옷이랑 신발을 사야 하고, 프로그램은 어떤 것을 선택해야 할까? 운동기구를 사용하는 것도 복잡해 보이고…. 그래, 일단 옷을 사야 하는데…'라며 다시 처음 단계로 돌아가 같은 고민을 반복합니다. 실제로 하나씩 적어보면 머릿속으로 빙글빙글 돌고 있을 뿐, 할 일이 많지 않다는 것을 알 수 있습니다. 글로 적어놓고 하루에 한 가지씩만 처리해도 목록을 따라가다 보면 언젠가 목표에 도달할 수 있습니다.

뱀에 대한 두려움을 극복하는 방법

심리학자 앨버트 반두라Albert Bandura는 단기간에 공포증을 치료하는 방법을 개발했습니다. 예를 들어 뱀에 관해 느끼는 공포증을 치료하는 경우, 청크 다운을 사용할 수 있습니다. 뱀 공포증이 있는 사람에게 "옆방에 뱀이 있으니까 갑시다"라고 하면 대부분의 사람들은 당연히 "안 가요!"라고 대답합니다. 그래서 먼저 매직 미러를 통해 뱀이 있는 방을 들여다보게 합니다. 동물원처럼 안전한 행위입니다. 그리고 몇 단계를 거쳐 열린 문으로 안을 들여다보게 합니다.

그것에도 익숙해지면 작은 단계들을 더 거친 뒤 두꺼운 가죽장갑을 끼고 뱀을 만져보게 합니다. 뱀을 만질 수 있게 되면 그동안 뱀을 두려워하던 사람들도 "이 뱀은 참 예쁘다"고 말하거나 무릎 위에 올려놓기도 합니다.

갑자기 뱀을 만지는 것은 어렵지만 조금씩 단계별로 진행해가면 스스로 생각조차 해본 적 없는 일에도 도전할 수 있다는 것을 보여주는 사례입니다.

일찍 일어나기 위해
먼저 눈을 뜬다

일찍 일어나는 요령도 마찬가지입니다. 갑자기 이불을 박차고 벌떡 일어나는 것은 '일찍 일어나기' 과정의 마지막 단계입니다. 추운 겨울에는 이불 밖으로 몸을 밀어내는 일이 마치 천 길 낭떠러지에 몸을 던지는 일처럼 느껴집니다. 그래서 청크 다운을 합니다.

- 먼저 눈만 뜬다(몸은 자고 있는 상태 그대로).
- 이불을 반만 걷는다.
- 상체를 일으켜 침대에 앉는다.
- 침대에서 한 발자국 떨어진다.

침대에서 한 발자국 떨어졌을 때도 정말 어찌할 수 없이 졸음이 몰려온다면 다시 침대로 돌아가면 된다고 스스로 다짐합니다. 다시 잠이 드는 대부분의 이유는 침대에서 한 발자국 떨어져 있다가 다시 돌아가서 잤기 때문이 아니라, 처음부터 눈을 뜨지도 않은 상태에서 계속 잤기 때문입니다.

성공 확률 100퍼센트 데이트 신청하는 법

이 청크 다운의 예시로 제가 좋아하는 것은 스티븐 기즈 Stephen Guise가 《습관의 재발견》(비즈니스북스, 2014)에 소개한 '좋아하는 여자에게 데이트를 신청하는 방법'입니다.

"먼저 그녀가 있는 방향으로 왼발을 한 걸음 내디딘다. 다음으로 오른발을 한 걸음 내디딘다. 그렇게 하면 곧 그녀가 있는 장소에 도달하게 된다. 그녀는 당신에게 '왜 그렇게 이상하게 걷고 있어요?'라고 물어볼 것이다. 그것으로 대화가 시작된다."

목표는 터무니없이
작게 잡는다

재미있는 게임을 멈출 수 없는 것은 난이도 균형이 절묘하게 맞춰져 있기 때문입니다. 처음에는 별로 어렵지 않고, 플레이어의 성장에 따라 서서히 보람을 느끼게 됩니다. 그리고 다음 성장의 보상을 얻기까지 그다지 오랜 시간이 걸리지 않습니다.

언젠가 게임을 그만두고 싶어진 적이 있습니다. 무리한 공격을 해오는 보스 캐릭터를 아무리 열심히 해도 물리칠 수 없었을 때입니다. 무언가를 그만두고 싶어지는 것은 보상을 얻어 만족했을 때가 아니라 열심히 해도 보상을 얻지 못할 때입니다.

습관은 그런 의미에서 '망한 게임'입니다. 처음 난이도가 가장 높기 때문입니다. 게임으로 치면 보스 캐릭터가 맨 처음에 나오는 것과 같습니다. 그래서 스스로 난이도를 낮추어야 합니다.

작심삼일의 주된 원인은 난이도가 적절하게 설정되어 있지 않기 때문입니다. 새해 목표를 세우고 설날 무렵에는 아직 의욕이 넘칩니다. 며칠 동안은 다시 태어난 것처럼 느껴질지도 모릅니다. 그러나 조만간 목표한 행동을 하기 귀찮아하는 자신을 발견합니다.

[나쁜 습관을 버리지 못하는 이유]
"이래서 귀찮고, 저래서 곤란하고…"

예를 들어 팔굽혀펴기 30번을 새해 목표로 세웠다고 합시다. 목표 자체는 나쁘지 않고, 3일 정도는 지속할 수 있을지도 모릅니다. 그러다가 마음이 내키지 않아지는 까닭은 시작하기도 전에 팔굽혀펴기를 할 때 근육이 찢어지는 듯한 고통이 또렷이 떠오르기 때문입니다. 물론 몸도 운동을 몇 번 한다고 해서 금방 변화가 찾아올 리 없습니다. 그래서 시작하는 것이 귀찮아지고, 적당한 핑계를 만들어서 작심삼일로 끝나고 맙니다. 이것이 어려움의 자각입니다.

이참에 더 해볼까?

무엇보다 시작하는 것이 가장 어렵다는 이야기는 앞에서도 밝혔습니다. 일단 시작한 시점부터 뇌에서는 의욕이 솟구칩니다. 청소나 정리정돈도 마찬가지입니다. 시작하기 전에는 할까 말까 고민하지만, 막상 시작한 다음에는 구석구석 쓸고 닦게 되지 않나요? 승려 나가이 소초쿠도 "일단 걸레를 들면 이쪽도 조금 더 닦을까 하는 생각이 든다"고 말했습니다.

스티븐 기즈도 일단 시작하려면 목표를 터무니없이 작게 설정하라고 권합니다. 기준 목표(팔굽혀펴기 30회)가 있더라도 대신 '팔굽혀펴기 1번'을 목표로 하는 것이 좋습니다. 그러면 시작하는 데 어려움을 느끼지 않고, 자세를 잡은 김에 '10번 정도 더 해볼까?' 하고 생각하게 마련입니다.

[나쁜 습관을 버리지 못하는 이유]

"실패하면 나 자신에게 실망하겠지…?"

목표를 작게 잡는 데는 또 다른 장점이 있습니다. 습관을 들이는 데 무엇보다 중요한 것은 자기부정감을 느끼지 않는 것입니다. 자기부정이라는 나쁜 감정이 의지력을 갉아먹으면 다음 행동에도 악영향을 미친다는 것은 1장에서 살펴보았습니다. 목표를 팔굽혀펴기 1번으로 설정해두면 다른 일이 바빠서 정말로 1번밖에 하지 못하는 날에도 자기부정감이 생기지 않습니다. 자신이 설정한 목표는 제대로 달성했기 때문입니다.

저도 해야 할 일을 두고 할까 말까 고민할 때는 일단 그 장소에 가거나 시작하는 것만을 목표로 정합니다. 지금도 스스로에게 종종 이렇게 말합니다. '헬스장에 딱 한 걸음만 들어가거나, 운동화를 신은 순간에도 기분이 내키지 않으면 그냥 돌아가자.'

이 책의 일러스트를 그린 야마구치 세이코도 지인의 이야기를 예로 들었습니다. "월요일에는 우울해서 항상 쉬고 싶어요. 그럴 때는 목표를 '회사에 가서 의자에 앉는 것'으로 정하는 거예요. 의자에 앉는 일은 어렵지 않고, 앉으면 자연히 무슨 일이라도 하게 되니까요."

일기를 쓰고 싶지 않을 때

배우 고바야시 료코는 어학 공부를 하기 위해 외국어로 일기 쓰기를 5년 이상 습관으로 만들었습니다. 물론 쉬운 일은 아니기 때문에 일기를 쓰고 싶지 않은 날도 많았다고 합니다. 그럴 때는 일단 '오늘은 쓰고 싶지 않다'라고 일기장에 썼다고 합니다. 그러면 다음 말이 이어집니다. '왜냐하면 어제는 일이 아주 힘들었고…'라고 일기를 쓰고 싶지 않은 이유로 일기가 채워집니다. 이것도 하나의 작업 흥분 이론입니다.

STEP 19

지금 당장,
오늘부터 시작한다

내일로 미루는 것은 바보 같은 짓이다.

• 드라마 〈프러포즈 대작전〉 중에서

습관으로 만들고 싶은 일을 시작할 때, 사람들은 자기도 모르게 좋은 것부터 시작하려고 합니다. 예를 들어 새해 목표가 있습니다. 새해 목표는 왜 12월 27일부터 시작하면 안 될까요? 아니, 내년 목표를 어렴풋이 의식하기 시작하는 11월 15일 정도부터 시작하는 것이 사실은 더 효율적이지 않을까요?

[나쁜 습관을 버리지 못하는 이유]

"1월 1일부터 시작할 거야!"

아침에 회사에서 조금 빈둥거리며 '오후부터 열심히 하자', '내일부터 열심히 하면 되겠지' 하고 생각할 때가 있습니다. 어차피 이렇게 되었으니 차라리 시간을 정해놓고 그때까지만 게으름을 피우자고 마음먹는 것입니다.

계절도 실천을 뒤로 미루는 핑계가 됩니다. 겨울에는 추워서 운동하기 힘드니 '따뜻해진 뒤에 시작하자'고 미룹니다. 그러나 봄이 오면 꽃가루 알레르기 때문에 힘들고, 환절기에는 적응하느라 시간이 갑니다. 장마철에는 비가 많이 와서, 여름은 너무 더워서, 가을은 마음이 쓸쓸해서 못하겠죠. 이렇게 핑계를 대기 시작하면 1년 내내 시작할 수가 없습니다.

무언가 전환되는 시점을 정해 그때 시작하고 싶어지는 이유가 뭘까요? '내일부터 시작하자', '다음 주부터 시작하자' 하고 마음먹으면 그전까지는 편안하기 때문입니다. 그리고 이 '내일', '내일부터'라는 말은 미루기 대장들의 가장 강력한 카드입니다.

'내일 하자', '다음 주에 하자', '나중에 하자', '언젠가 하자'고 생각합니다. 그러나 오늘은 어제 본 내일이며, 지난주에 본 다음 주고, 지난달에 본 언젠가입니다. 지금 당장, 오늘부터 시작하세요. 목표를 작게 잡아도 상관없습니다. 팔굽혀펴기 1번이라면 지금 당장이라도 할 수 있으니까요.

매일 하는 것이
더 쉽다

갈까? 말까? 답은 정해져 있다.
'간다' 아니면 '갈 것'이다.

● 만화《올라운더 메구루》중에서

나쁜 습관을 버릴 때는 완전히 끊는 편이 더 쉽습니다. 새로운 습관을 들일 때는 반대로 매일 하는 편이 사실 더 쉽고요. 사람들은 보통 일주일에 1번 달리는 것이 매일 달리는 것보다 쉽다고 생각합니다. 난이도를 노력의 덧셈으로 생각하기 때문입니다. 그래서 어떤 좋은 습관을 만들 때 점차 그 빈도를 서서히 올리는 방법을 선택합니다. 그러나 그렇게 하면 오히려 난이도가 높아져 함정에 빠지게 됩니다. 도대체 왜 그럴까요?

예를 들어 일주일에 2번 달리는 것을 습관으로 만든다고 합시다. 그렇게 결심하고 나면 꼭 이런 생각이 떠오릅니다. '오늘이 달리는 날이었나? 전에 언제 달렸더라?', '오늘 꼭 달려야 하나? 영 내키지 않으니까 다음 주에 3일 뛰자.' 이렇게 머릿속으로 계산기를 두드립

니다. 그래서 선택과 결정이 필요해지고, 동전 던지기를 해야 하는
사태에 이르게 됩니다.

매일 하면 고민할 일도,
헤맬 일도 없다

매일 하기로 정하면 오늘 할지 말지 고민할 일도, 결정할 일도 없습
니다. 가거나 아니면 갈 수밖에 없습니다.

그렇게 매일 하다 보면 숨겨진 보상을 발견할 수 있고, 자연스럽
게 하고 싶은 일로 바뀌게 됩니다. 매일 하는 것, 이것은 습관을 만드
는 여러 단계 중에서도 가장 중요한 단계입니다.

목표는 작아져도 좋지만, 빈도를 줄여서는 안 됩니다. 습관으로
자리 잡을 때까지는 매일 해야 합니다. 누가 시키지 않아도 자발적
으로 하고 싶어지게 되면, 그다음부터 빈도를 적절히 조절해도 좋습
니다.

물론 건강이 좋지 않아 갑자기 달리기를 시작할 수 없는 사람도
있습니다. 이런 경우는 매일 500미터씩 걷는 것부터 시작하면 됩니
다. 목표는 '운동화에 발을 넣는 것'이어도 충분합니다. 퇴근길에 전
철역에서 집까지 걷는 습관도 매일 할 수 있으니 매우 훌륭한 전략
입니다.

매일 하면 무의식적으로 하게 된다

저는 기타 줄을 연결하는 방법을 매번 까먹는데, 사실 난이도 자체는 신발 끈을 묶는 것과 비슷합니다. 그런데 신발 끈을 묶는 일은 무의식적으로 할 수 있으면서 왜 기타 줄을 연결할 때는 항상 교본을 뒤적거릴까요?

신발 끈과 기타 줄이 다른 점이 있다면 바로 빈도입니다. 신발 끈은 매일 묶어야 하지만, 기타 줄은 몇 개월에 한 번씩만 교체하면 되니까 기억이 잘 나지 않습니다. 넥타이를 매는 방법도 그렇습니다. 평소에 넥타이를 맬 일이 없는 지금도 넥타이 매는 법은 까먹지 않았습니다. 한때 매일 넥타이를 매느라 무의식적으로 하는 수준까지 도달했기 때문입니다.

[나쁜 습관을 버리지 못하는 이유]

"나는 완전히 달라질 거야, 내일부터 !"

사람은 피곤하거나 무언가 예측할 수 없는 상황에서 오늘 해야 할 일을 내일로 미루곤 합니다. 어쩐지 내일의 나는 오늘의 나와 달리 슈퍼맨처럼 에너지가 충만하고 빛날 것만 같습니다. 미래의 나는 오늘의 나보다 훨씬 유능하고 똑똑해서 어려운 일도 제대로 해낼 것 같습니다. 이런 심리를 제대로 이용한 것이 '신용카드'라는 시스템입니다. 오늘의 나는 이것을 덥석 구매하지만, 내일의 나는 용돈을 아껴 쓰고 절약해서 큰 어려움 없이 능숙하게 살림을 꾸릴 것입니다.

이 문제에 관한 재밌는 이야기가 있습니다. 맥도날드에 샐러드 메뉴가 추가되자 왜인지 빅맥의 매출이 엄청나게 늘어났다고 합니다. 그 이유는 '오늘 나는 빅맥을 먹지만, 다음에 올 때는 이성적으로 샐러드를 고를 것'이라고 생각하는 사람이 많았기 때문입니다. 샐러드가 메뉴에 있기만 해도 일단 오늘은 안심할 수 있었던 것입니다.

저 역시 몇 번이나 실패를 거듭하면서 '내일의 나는 다르다'고 생각했으니, 이것은 상당히 뿌리 깊은 문제입니다. 내일의 나는 오늘의 나와 같다는 것을 명심해야 합니다.

만약 오늘이 영원히 반복된다면

스티브 잡스는 33년 동안 매일 아침 '만약 오늘이 인생의 마지막 날이라면 나는 오늘 하려는 일을 정말 하고 싶을까?'라고 자문했다고 합니다. 저도 한동안 흉내를 내보았지만 곧 싫증이 나서 그만두었습니다. 그래서 습관을 들이기 위해 이렇게 바꾸어봤습니다. "오늘이 영원히 반복된다면 나는 어떤 하루를 보내고 싶을까?" 내일의 나는 슈퍼맨이 아니라 오늘의 나와 같은 선택을 할 것입니다. 내일로 미루고 싶은 오늘 할 일이 영원히 반복되는 것입니다.

작곡가 시빌 F. 패트리지 Sibyl F. Partridge 는 "오늘 하루만은 행복한 마음을 갖겠다"로 시작하는 〈오늘 하루만은〉이라는 십계명을 남겼습니다. '내일 하자'의 반대말이 '오늘 하루만은'입니다. 내일은 하지 않아도 상관없습니다. 하지만 오늘 하루만은 해봅시다. 그리고 내일이 오면 또 같은 생각을 하는 것입니다.

'예외'도 계획해둔다

매일 습관이라고 해도 예상하지 못한 일은 얼마든지 일어날 수 있습니다. 가족이 아플 수도 있고, 잊고 있던 경조사도 불쑥 튀어나옵니다. 크리스마스나 설날이 되면 습관은 잊고 실컷 먹고 마시고 늦잠도 자며 즐기고 싶은 마음이 듭니다. 중요한 것은 그 순간, 그 자리에서 즉흥적으로 예외를 만들 게 아니라, 사전에 예외를 계획해두는 것입니다.

[나쁜 습관을 버리지 못하는 이유]

"오늘 하루쯤은 괜찮지 않을까?"

보상을 주고 싶다면 갑자기 '오늘'이 아니라 사전에 명확하게 정해놓은 '내일'이 좋습니다. 그렇지 않으면 앞에서도 말했듯이 내일도 오늘과 같은 일을 하고 맙니다. 미리 정해두면 자신과의 약속을 지킨 것이기 때문에 자책감이나 자기부정감이 생기지 않습니다. 눈앞에 유혹이 있으면 '이런 경우라면 하루쯤은 운동을 걸러도(혹은 한잔 마셔도) 괜찮겠지'라거나 '오늘은 특별한 날이니까'라고 생각하게 마련입니다. 그러나 이런 일이 계속되면 습관은 맥없이 무너져 내리고 맙니다.

여행 중에도 달라지지 않는 조건

저는 여행을 좋아하지만 습관을 몸에 익히던 중에는 조금 멀리했습니다. 습관이 완전히 몸에 붙지 않은 상태에서 여행이라는, 평소와 다른 환경에 놓이면 그동안 서서히 자리 잡아가고 있던 습관이 무너지지 않을까 걱정되었기 때문입니다. 여행을 하거나 고향집에 갈 때는 평소와 달라지는 조건과 달라지지 않는 조건이 있습니다.

　헬스장이 없고, 요가매트가 없고, 도서관이 없는 것은 달라지는 조건입니다. 그러나 달라지지 않는 조건도 있습니다. 가령 일어나는 시간은 여행지에서도 스스로 선택할 수 있습니다. 생활 리듬이 깨지면 원래대로 되돌리기가 무척 힘들기 때문에 저는 여행 중이라도 일찍 일어나는 것만큼은 지킵니다. 그 외에도 노트북을 항상 가지고 다니면서 일기도 씁니다. 요가매트가 없어도 이불 위에서 '태양경배'라는 요가 동작만 한 적도 있습니다.

영국의 역사가 에드워드 기번Edward Gibbon은 군 복무 중에도 연구를 멈추지 않았다고 합니다. 행군할 때도 호라티우스Horace의 책을 가지고 다니며 막사 안에서 종교에 관한 학설을 연구했습니다. 위대한 인물이 아니고서는 하지 못할 행동이지만, 분명히 본받아야 할 점이 있습니다.

그렇지만 습관에 '예외'는
빠질 수 없는 양념

그런데 시간이 지나면서 여행 때문에 평소 습관을 실천하지 못하는 일도 습관을 굳건하게 다지는 데 도움이 된다는 생각이 들었습니다. 아무리 좋은 습관도 매일 하다 보면 당연해져서 초기에 느꼈던 성취감도 서서히 희미해지기 때문입니다.

한번은 4박 5일로 국내 여행을 다녀온 적이 있습니다. 짧은 기간이라도 여행에서 돌아와 요가, 명상 등 평소의 아침 습관을 실천하려니 힘이 들었습니다. 피곤해서 그런지 일을 하거나 헬스장에 가는 것도 귀찮았습니다. 그래도 그것을 애써 해내니 처음에 습관을 들이기 시작했을 때처럼 큰 성취감이 몰려왔습니다. 평소의 습관으로 돌아왔다는 안도감도 생겼습니다. 이렇게 가끔 예외를 두는 것은 습관에 생기를 되찾아주는 양념 같은 존재로 생각하게 되었습니다.

서투르니까
즐길 수 있다

10년 후에는 분명히 '적어도 10년이라도 좋으니까
돌아가서 다시 시작하고 싶다'는 생각이 들 것이다.
10년 후든, 20년 후든, 50년 후든, 지금부터 다시 시작하라, 지금 당장.
● 작자 미상

이런 이야기를 들은 적이 있습니다. 90세 할머니에게 인생에서 후
회하는 것이 무엇이냐고 물었습니다. 할머니는 '60세 무렵에 바이
올린을 배우고 싶었는데, 이미 늦었다고 생각해서 포기한 것'이라고
했습니다. 그때 시작했으면 30년은 연주할 수 있었을 텐데, 그것이
후회된다는 것입니다.

[나쁜 습관을 버리지 못하는 이유]

"지금 시작하기에는 너무 늦었어"

제가 기타를 처음 잡은 것은 37세 때입니다. 왜 15세 때 시작하지

않았을까 생각한 적도 있습니다. 마라톤도 37세에 시작했는데, 만약 20세에 시작해서 최고 기록을 달성했다면 결코 따라잡을 수 없었을 것입니다. 하지만 기타를 잘 치거나 마라톤 기록을 단축한다는 도달점만이 저에게 만족감을 주는 것은 아닙니다.

초보자가 하는 쉬워 보이는 일과, 전문가가 하는 어려워 보이는 일, 둘 다 본인이 느끼는 만족감은 거의 비슷할 것입니다. 기쁨은 객관적인 완성도에서 오는 것이 아닙니다. 그러니 겁내지 말고 시작해도 됩니다. 시작하기에 가장 빠른 시간은 지금입니다. 저는 이제부터 피아노를 새로 배우려고 하는데, 30년 정도 연주하면 그런대로 들을 만하지 않을까요?

요가를 시작하고 싶은데 할 수 없다는 사람들의 대표적인 핑계가 '몸이 굳어서'입니다. 그러나 요가는 몸이 굳은 사람이 더 즐겁게 할 수 있습니다. 무슨 뜻이냐고요? 예를 들어, 댄서처럼 원래 신체가 유연한 사람은 요가를 시작하면 난이도가 높은 동작도 바로 소화할 수 있습니다. 하지만 요가는 애초에 마음과 신체를 연결하는 것이 목적이지, 동작을 멋있게 취하려는 목적이 아닙니다.

몸이 굳은 사람이 자신의 몸에 주의를 기울이고, 몸이 내는 소리를 알아차리기 시작합니다. 자신의 몸이 바뀌어가는 것을 알아차리는 것만큼 즐거운 것은 없습니다. 새롭게 경험할 수 있는 것이 많기 때문에 요가는 몸이 굳은 사람일수록 즐길 거리가 많은 것입니다.

방아쇠를 당겨라

새로운 습관을 추가할 때는 이미 매일 실천하고 있는 습관을 신호로 삼으면 효과적입니다. 제 친구는 매일 아침 헤어드라이어로 젖은 머리를 말릴 때 스쾃을 합니다. 저는 필요 없는 물건을 버릴 때 양치질을 하면서 정리해보라고 추천합니다. 양치질을 하는 3분 동안 방을 돌아다니면서 필요 없는 물건을 찾는 것입니다.

[나쁜 습관을 버리지 못하는 이유]

우리 몸은 신호가 없으면 시작하지 않는다

청소가 되어 있지 않으면 마음이 불안해지지만, 그것으로 목숨이 위태로워지지는 않습니다. 영어도 잘하면 좋지만, 회사에서 살아남는 데 반드시 필요한 조건은 아닙니다. 이렇게 절박하지 않은 일을 습관으로 만들기란 상당히 어렵습니다. 그래서 의도적으로 행동을 시작하는 신호를 만들 필요가 있습니다. 저는 출근하기 전에 영어 공부를 하기로 했습니다. 스스로 정한 영어 수업에 지각하면 죄책감이 느껴집니다. 이 경우에는 시간이 발단이 됩니다.

집안일에도 대입해볼 수 있습니다. 겨된장은 매일 섞어주어야 하는데, 습관이 되기 전까지는 잊어버려 낭패를 본 적이 많았습니다 (겨된장은 쌀겨에 소금물을 넣어 발효시킨 것으로, 매일 섞어주지 않으면 쉽게 썩어버린다. – 옮긴이). 그래서 제가 사용한 신호는 '달걀을 보는 것'입니다. 저는 매일 아침 달걀을 먹기 때문에 아침에 달걀을 보는 것과 겨된장을 섞는 이미지를 프로그래밍을 하듯 머릿속에서 연결했습니다. 그 후, 겨된장을 섞는 습관의 신호는 매일 겨된장 무침을 먹는 것, 그 자체로 바뀌었습니다.

사슬처럼 행동들을 연결한다

아침에 일어나면 어제 자기 전에 깔아둔 요가매트가 가장 먼저 눈에 들어옵니다. 그것이 신호가 되어 요가를 시작합니다. 요가가 끝나면 그대로 매트 위에 앉아서 명상을 시작합니다. 그리고 요가매트를 침대 아래에 집어넣을 때 방바닥을 보게 되는데, 그 이미지가 신호가 되어 청소기를 돌립니다. 청소를 하고 나면 무언가를 깨끗이 한다는 신호가 들어와 곧장 욕실로 가 샤워를 합니다.

이렇게 줄줄이 습관들이 이어지면 의지력이나 의욕을 불태우지 않아도 자연스럽게 루틴들을 해낼 수 있습니다. 방금 루틴을 끝내는 행동이 다음 행동을 시작하는 신호가 됩니다. 그리고 습관을 사슬처럼 계속 연결해나갑니다.

오늘의 내가 내일의 나를 위해

조금 더 노력하려는 자신을 위해 미리 준비를 도와주는 것도 좋습니다. 예를 들어 아침에 일어나서 가장 먼저 할 일을 전날 저녁에 준비해둡니다. 겨울이라면 더 쉽게 일어날 수 있도록 난방 타이머를 맞춰둡니다. 헬스장에 다녀오면 배가 고파서 허기가 질 테니 집에 돌아오면 곧바로 마실 수 있도록 단백질 음료를 미리 만들어둡니다. 달리기 전에 미리 운동복으로 갈아입고 달릴 준비를 합니다.

이것은 애쓰고 있는 나를 위해 앞질러 가서 준비해두는 것입니다. '오늘도 잘하고 있네', '수고했어'라는 메시지이기도 합니다. 조금 여유가 있는 지금의 내가 미래의 나에게 미리 편지를 쓰는 것과 같습니다.

STEP 24

어른의 시간표를
만든다

확실한 계획은 선택이라는 고통에서 벗어나게 해준다.

● 솔 벨로

신호 중에서 대표적인 것이 '시간'입니다. 아침에 일어날 때 알람을 맞춰두는 사람이 대부분일 텐데, 알람 소리가 '일어나기'라는 행동의 신호가 됩니다.

학교 수업은 시간표에 따라 진행됩니다. 종소리는 수업을 시작한다는 신호입니다. 이 시간표는 어른에게도 효과적입니다. 저는 아침에 일어날 때뿐 아니라 밤에 잘 때도 알람을 설정해두었습니다. 아침에 일어나지 못하는 가장 큰 이유는 우선 수면 시간이 충분하지 않기 때문입니다. 자기 전에 스마트폰이나 컴퓨터로 게임을 즐기는 사람이 많은데, 지나치게 열중하면 점점 취침 시간이 늘어집니다. 하루의 시작은 아침이 아니라 밤에 잠자리에 드는 시간이라고 생각하는 것도 좋은 방법입니다.

저는 하루의 대부분을 시간표대로 보냅니다. 오전 9시 반에 도서관에 가고, 11시 반에 점심을 먹고 밤 9시 반에 취침 알람이 울리고, 다음 날 아침 5시에 기상 알람이 울립니다.

행동심리학의 창시자인 스키너B. F. Skinner는 자신의 생활도 실험처럼 엄격하게 규칙을 지켰습니다. 알람에 따라 글쓰기를 시작하고, 알람에 맞춰 끝냈습니다. 책상에 앉아 있는 총 시간을 시계로 측정했고, 12시간마다 작성한 글의 단어 수를 그래프에 기입해서 자신의 시간당 생산성을 정확하게 파악했습니다. 어느 날, 자꾸 한밤중에 잠에서 깨는 것이 신경 쓰였던 그는 그것조차 알람으로 조절해서 작업에 차질이 없게 했습니다.

시간표에 따르는 게 바보 같다고?

저는 혼자 살고 있고, 자유를 사랑합니다. 그래서 예전에는 시간표를 만들어 그대로 따라 하는 게 바보 같다고 생각했습니다. 시간표는 초등학생이 여름방학 전에 만드는 것이며, 그때도 시간표대로 하루를 보낸 기억이 없습니다. 갑자기 하고 싶은 일이 떠오르면 어떻게 하죠? 시간표에 얽매여 자유가 제한되는 것은 말도 안 된다고 생각했습니다.

하지만 아침에 일어나는 시간을 정해두지 않으면 지금 일어날지,

더 자도 될지 이불 속에서 계속 고민하게 됩니다. 밤에 자는 시간을 정해두지 않으면 드라마나 만화에 빠져서 '1회만 더, 1권만 더…'를 반복할 수도 있습니다.

다음 날 아침에 후회하더라도 눈앞의 보상을 선택하는 쌍곡형 할인 심리가 있으니 이것은 당연한 일입니다. 하지만 시간이 정해져 있다면 그런 고민과 괴로움에서 벗어날 수 있습니다.

인터넷하는 시간 제한하기

저는 아침마다 인터넷 뉴스나 SNS를 확인하는데, 시간을 정해서 보기로 했습니다. 한 친구가 엑스에 이런 글을 올렸습니다. "모르는 영어 단어를 찾으려고 들어왔는데, 어느새 화산 폭발 동영상을 10분이나 보고 있다." 또 다른 친구는 이런 글을 올렸습니다. "심플한 조명을 찾고 있었는데, 정신을 차려보니 야영 서바이벌 동영상을 보고 있었다."

두뇌는 바람둥이입니다. 흥미와 관심이 차례로 솟아나고, 맥락 없이 점프하기를 좋아합니다. 영어 단어에서 화산으로, 조명에서 서바이벌로 뛰어오릅니다. 이렇게 뇌는 끊임없이 관심사를 바꾸는데, 인터넷은 거기에 딱 맞게 반응해줍니다. 그래서 인터넷을 하는 시간을 미리 정해두지 않으면 한없이 빠져들어 헤어 나오지 못합니다.

천재들은 규칙적으로 일한다

앞에서도 말했듯이 《리추얼》이라는 책에 소개된 천재들은 대부분 규칙적으로 생활합니다. 대부분 아침형 인간으로, 오전에는 창의적인 일을 하는 데 시간을 할애합니다.

예를 들어 화가 프랜시스 베이컨Francis Bacon을 아는 사람이라면 물감과 화구로 가득 찬 그의 작업실 사진을 본 적이 있을 것입니다. 어수선한 작업실과 격렬한 작풍을 보면 분명 자유분방하게 생활할 것 같지만, 사실 그는 일하는 시간을 새벽에 일어나서 정오까지로 확실히 정해두었습니다. 그 이후에는 확실히 술을 마시거나 자유분방한 생활을 했습니다만, 일하는 시간은 매일 정해져 있었습니다.

제가 프리랜서가 된 후 너무 자유로워서 괴로웠다고 서두에서 언급했습니다. 역시 시간으로 자신을 다스리는 것도 어느 정도는 필요한 것 같습니다. 천재들은 생각나는 대로 일한 것이 아니라, 자신이 작업하는 시간을 정확히 정하고 꾸준히 지속한 사람들입니다.

'마감일'의 순기능

'마감'이라는 것도 길게 보면 시간표와 같습니다. 편집자로서 오랫동안 마감에 쫓기는 것에 지쳐서 이 책도 처음에는 마감일을 정하지 않기로 했습니다. 원고가 완성되면 출간일을 정해서 출판하기로 했는데, 지금 생각해보면 귀여운 꿈이었습니다.

마감은 '악'이라고 생각했는데, 조금 생각이 바뀌었습니다. 사용하기에 따라 천사가 될 수도, 악마가 될 수도 있습니다. 필요한 때에 자신을 타일러주는 상사 같은 존재가 마감입니다. 생각해보면 우리의 인생 자체에도 수명이라는 마감이 있습니다. 마감이 있기 때문에 하루하루를 헛되이 보내고 싶지 않아집니다.

시간표로 자신의 한계를 알 수 있다

시간표를 정해두면 얻을 수 있는 장점은 그 외에도 많습니다. 바로 자신이 하루에 해낼 수 있는 작업량을 정확히 파악할 수 있다는 점입니다. 어느 연구에 따르면 사람은 어떤 일을 할 때 자신이 예상한 시간의 1.5배를 쓴다고 합니다. 항상 자신의 능력을 과대평가하고 있는 것입니다. 쉽게 말해 10일이면 할 수 있을 거라고 생각했던 일이 실제로는 항상 2주가 걸린다는 뜻입니다. 이것 또한 '내일의 나는 슈퍼맨이 될 거야'라는 환상입니다. 가슴이 뜨끔해집니다.

바쁜 편집자 시절에는 누구에게도 방해받지 않는 주말에 출근하면 일이 굉장히 잘되는 기분이 들었지만, 실제로는 생각한 만큼 진행되지 않은 적도 많았습니다. 여행을 갈 때는 부족하면 어쩌나 싶어 여행 가방에 책을 잔뜩 넣지만 실제로는 한 권도 읽지 못하고 돌아오기도 합니다. 읽지도 못할 책을 사 모으는 일도 마찬가지입니다. 자신의 독서량과 흥미의 지속 시간을 과대평가해서 그런 일이 벌어지는 것입니다.

할 수 없는 것을 명확히 한다

시간표를 만들어서 그대로 행동하면 자신이 어느 정도의 일을 했을 때 얼마나 피곤한지, 그리고 회복하는 데 휴식이 얼마나 필요한지도 알 수 있습니다. 어느 정도의 습관을 세우면 만족감이 느껴지는지도 깨달을 수 있습니다.

작업 총량이 거의 한계에 다다랐을 때, 다른 일을 더하고 싶다면 기존에 하던 일을 덜어내야 한다는 것도 알게 됩니다. 저는 계속해서 취미를 늘리고 싶었는데, 지금은 늘리지 않고 멈춰 있습니다. 어느 날 소형 트럭 트렁크에 이동주택을 만들려고 시도한 적이 있는데, 제 시간표에는 그 작업을 넣을 자리가 없었습니다. 예전 같으면 '나는 왜 이렇게 한심할까?' 하고 자책했을 것입니다. 그러나 이미 시간표대로 움직이고 있었기 때문에 '지금은 물리적으로 그럴 시간을 만들 수 없다'는 것을 확실히 알았고, 자책하거나 실망하는 대신 다른 일을 우선순위에 둘 수 있었습니다.

시간표에 따라 움직이는 것은 불확실했던 자신의 에너지, 하루에 할 수 있는 일의 총량을 시각화하는 일입니다. 무리하게 쇼핑하지 않으려면 먼저 계좌에 남은 잔고를 확인해야 하는 것처럼, 자신의 한계를 아는 일은 큰 의미가 있습니다. 바쁜 학생이나 직장인은 주말만이라도 시간표를 만들어 실천해보면 어떨까요? 방학을 앞둔 아이처럼 시간표를 이리저리 생각하는 것은 꽤 즐거운 일입니다.

고민할 시간이 없다

시간표의 중요한 역할이 하나 더 있습니다. 하루를 시간 단위로 구분하지 않는다는 것은 고민하는 시간이나 불안해하는 시간도 구분하지 않는다는 뜻입니다. 시간표에 따라 움직이면 그 시간 안에 해야 할 일이 정해져 있습니다. 그리고 시간표대로 움직이면 물리적으로 고민할 시간이 거의 없습니다. 생각하고 고민하는 것은 무언가를 실행할 때가 아니라 손이 멈췄을 때입니다. 적절하게 고민하는 일은 물론 필요하지만, 그저 같은 일을 한없이 부정적으로 생각하고, 곱씹어 걱정하고 후회하는 시간은 줄일 수 있습니다.

여러 가지 사정이 있어 새로운 습관을 만들지 못하는 경우도 있습니다. 그런 때는 '○○ 때문에 할 수 없다'가 아니라 '○○보다는 △△가 우선이다'라고 생각합니다. 다른 일이 있어서 할 수 없는 것이 아니라 다른 일을 우선으로 여기는 것입니다. 운동이나 독서보다 육아가 더 중요한 사람도 있습니다. '육아 때문에 운동을 할 수 없어'라고 생각하면 무엇보다 중요한 자신의 감정에 상처를 입게 됩니다. 할 수 없는 것보다는 할 수 있는 것에 눈을 돌려봅시다.

집중력 따위는
누구에게도 없다

이 책의 원고를 쓸 때 제 집중력이 어느 정도 지속되는지 시간을 측정 해봤습니다. 집중력이 떨어져서 노트북 키보드에서 손을 뗄 때까지 시간이 얼마나 경과하는지 확인했습니다. 평균 20분 정도로, 스스로 집중력이 전혀 없다고 생각했는데 꼭 그런 것만은 아닌 듯했습니다.

　강연 사이트 TED의 동영상은 18분 정도로 길이가 정해져 있습니다. 아무리 재밌는 내용이라도 사람이 집중해서 들을 수 있는 시간이 최장 18분이라는 전제를 바탕으로 하기 때문입니다. 집중력을 높이는 방법 중에 '포모도로 기법Pomodoro Technique'이 있는데, 이것도 길이는 비슷합니다. 25분으로 타이머를 설정하고 그 시간 동안 집중해서 일합니다. 알람이 울리면 5분간 짧게 휴식합니다. 이 과정을 4번 반복하고 2시간마다 길게 휴식합니다.

명상 중에는 생각을 하지 않으려고 해도 무심코 의식이 어딘가로 산책을 나가서 마음대로 딴생각을 하기 시작합니다. 의식이라는 것은 애초에 그런 것이므로 오랜 시간 집중하게 만드는 것은 결코 쉽지 않습니다. 집중력 문제를 따져 봐도 시간표에 따라 일하는 방법은 효과적입니다.

찰스 두히그는 매일 8시간에서 10시간씩 책상 앞에 앉아 있는다고 합니다. "일이 즐거운지, 즐겁지 않은지는 중요하지 않다. 오랜 시간 책상에 앉아 있으면 저절로 일이 돌아가기 시작한다."

재미가 있는지 없는지를 따지지 말고 책상 앞에 앉는 시간을 먼저 정합니다. 그 시간 동안 책상에 앉아 있기만 하면 집중력이 흐트러지든 연거푸 하품을 하든 언젠가는 의식이 다시 책상으로 돌아오게 됩니다.

저도 집중력을 높이겠다는 무모한 도전은 하지 않기로 했습니다. 물론 높일 수 있을지도 모르지만 사람마다 차이가 있을 테니까요. 하지만 '사람에게는 원래 집중력 따위는 없다'고 생각하고 구조를 짜는 편이 더 유익하다고 생각합니다. 하드보일드 작가인 레이먼드 챈들러 Raymond Chandler도 글이 써지지 않아도 일단 책상 앞에 앉는 일을 중시했습니다. 글은 못 쓰더라도 다른 일을 하지 않고 그저 가만히 책상 앞에 앉아 있습니다. 집중력은 도중에 계속 끊어지겠지만, 그래도 하루 일과가 끝나고 조각을 긁어모아 보면 무언가 결과물이 남는 법입니다.

날짜에 따라
행동한다

날짜에 맞춰 행동하는 일도 시간에 맞추어 행동하는 일을 응용한 것입니다. 저는 매월 1일을 '잡동사니 정리하는 날'로 정했습니다. 지금은 가지고 있는 물건이 별로 없지만, 그래도 한 달에 한 번 정도는 정리정돈이 필요하고, 이날은 '대★청소'가 아닌 '중中청소'를 합니다. 그밖에도 영수증을 정리하거나, 컴퓨터의 즐겨찾기를 정리하거나, 서류를 스캔합니다. 매일 해야 할 정도는 아니지만 내버려두면 하기 귀찮아지는 잡다한 일을 모아서 정리하는 날입니다.

하나씩 하려고 하면 전혀 재밌는 일이 아니지만, 한데 모아서 처리하면 성취감도 있습니다. 일상의 사소한 짜증을 없애주고, 평상시의 습관을 지탱해주는 행위라고 생각하면 의미도 느껴집니다.

여유 있는 날은 영원히 오지 않는다

방 청소, 물건 정리 같은 일은 특히 그렇지만, 급하지 않고 당장은 하지 않아도 어떻게든 살 수는 있는 문제는 '나중에 하자', '다음에 여유가 생기면 하자'고 생각하게 됩니다. 그러나 제가 38년 동안 살면서 '아, 지금이야말로 드디어 여유가 생긴 건가? 지금이 바로 그때잖아?'라는 생각이 든 적은 한 번도 없습니다. 분명히 그런 시간은 앞으로도 오지 않을 것입니다. 그래서 해야 할 일이 있으면 먼저 날짜를 정해두어야 합니다.

예를 들어 선종에서 수행하는 스님들은 날짜별로 하는 일이 정해져 있어 참고할 만합니다.

- 4와 9가 붙은 날은 삭발과 정성스러운 대청소
- 1, 3, 6, 8이 붙은 날은 탁발

날짜별로 하는 일이 정해져 있으면 '머리가 슬슬 길어졌는데 어떻게 할까? 내일 자르러 갈까, 다음 주까지 기다릴까?'라고 생각할 필요가 없으니 의식적으로 고민하지 않고도 행동할 수 있습니다. 헬스장에 가는 날이나 특별한 일을 하는 날도 미리 일정에 기록해두는 것이 좋습니다. 이 글을 쓰는 지금, 저도 수첩에 '치과에 가기'라고 적었습니다.

요일을 기준으로 행동하는 것도 좋습니다. 제 친구는 '금요일은 하기 싫은 일, 마음이 내키지 않는 일을 하는 날'이라고 정해두었습니다. 그런 일을 월요일에 하려고 하면 주말 내내 괴롭고 의욕이 없어진다고 합니다. 그래서 주말을 앞두고 조금 들뜬 기분으로 귀찮은 일들을 처리하는 것입니다.

습관은
자신과의 약속이다

습관이란 자신과의 약속입니다. 처음에는 자신과의 약속으로 시작해서 이걸 습관으로 만들지 않겠냐는, 내면에서 대화의 장이 열립니다. 그때는 노력해야 할 부분에 대해서도 다양한 논의를 거칩니다. 그리고 이 날짜와 이 시간에 이 습관을 시작하자는 합의에 이릅니다.

막상 그 시간이 되었을 때 습관을 실행에 옮기지 못하면 자신과의 약속을 어기는 것과 같습니다. 친구들과 놀기로 약속해놓고 약속 장소에 나가지 않는 것과 실질적으로 같은 상황입니다.

약속을 계속 어기는 친구는 믿을 수 없습니다. 습관의 경우에는 스스로 자신을 믿지 못하게 됩니다. 그건 자신 자신에게 괴로움을 안겨줍니다. 자신이라는 존재는 친구 이상으로 오래 사귀어야 하는 사람이기 때문입니다. 자신과의 약속을 가장 소중한 친구와의 약속이라고 생각하세요. 어지간히 특별하지 않은 한, 아무리 즐거워 보이는 곳에 초대받아도 가장 소중한 친구와의 약속이라면 취소해야 할지 고민하지 않을 것입니다.

자신이 정한 습관을 제대로 지켰을 때, 자신과의 약속을 지켜낸 본인이 대견할 것입니다. 이것이 습관을 달성했을 때 자기긍정감이 향상되는 이유입니다. 믿을 수 있는 인간으로서 내가 나 자신을 긍정할 수 있습니다. 단점도 많지만, 약속은 대체로 잘 지키는 성실한 사람, 그래도 두고 볼 만한 사람이라고 생각하면 더할 나위 없이 좋습니다.

임시 보상을
설정한다

운동이나 다이어트도 마찬가지지만, 습관을 들이려고 할 때 갑자기 효과가 나타나지 않아서 보상이 느껴지지 않아 괴로울 때가 있습니다. 그래서 중간중간 임시 보상을 설정하는 것도 효과적입니다.

저는 예전에 집을 이사하느라 헬스장을 바꾼 적이 있습니다. 새로 등록한 헬스장은 24시간 영업을 하는 곳이라 운동할 기회는 늘어난 셈이었습니다. 그러나 실제로는 이전보다 가는 빈도가 줄어들었습니다. 왠지 모르게 발길이 향하지 않았기 때문입니다. 이유를 생각해보니 문득 짚이는 것이 있었습니다. 새 헬스장에는 샤워장만 있는데, 예전에 다녔던 헬스장에는 커다란 노천탕이 있었습니다. 저는 무의식적으로 운동을 마친 후에 목욕탕에 몸을 담그는 것을 보상이라 여기고 있었던 것입니다.

임시 보상의 소중함

앞에서 말한 '잡동사니 처리하는 날'도 일본에서 매달 1일은 영화표가 저렴한 날이라서 '영화 보기'를 보상으로 정했습니다. 작가 가쿠타 미츠요는 43세에 마라톤 풀코스를 뛴 것을 시작으로 다양한 운동에 도전하고 있습니다. 《어느새 운동할 나이가 되었네요》(글담출판, 2018)라는 에세이에서 그는 보상의 중요성에 대해 이렇게 밝혔습니다.

"술자리, 고칼로리 음식, 피부 관리, 마사지…. '이 고통이 끝나면 저런 것들이 기다리고 있다'고 생각하는데, 그 항목들이 상당히 중요하다."

- 운동 후 얼음같이 차가운 맥주 마시기
- 일찍 일어난 보상으로 아침 식사에 맛있는 빵 먹기

이런 임시 보상이 주는 효과는 무시할 수 없습니다. 그리고 그 보상을 추구하다 보면 습관 만들기 자체를 보상으로 느끼게 됩니다. 그러면 보상이 없어도 습관을 유지할 수 있습니다.

[나쁜 습관을 버리지 못하는 이유]

상반된 보상을 주는 경우

보상에 관해 주의해야 할 것이 있습니다. 작은 성과를 거둔 사람일수록 긴장을 확 풀어버리기 쉽다는 점입니다. 어느 연구에서 다이어트 중인 사람에게 사과와 초콜릿바 중에서 하나를 선택하게 했습니다. 체중을 재서 다이어트의 성과를 확인한 사람의 85퍼센트가 사과가 아닌 초콜릿바를 골랐습니다. 반대로 체중을 재지 않은 사람은 58퍼센트만 초콜릿바를 골랐다고 합니다.

이것도 마음 한구석이 뜨끔해지는 이야기입니다. 저 역시 아침에 체중계에 올라갔을 때 체중이 조금 줄어 있으면 그날은 식단 조절이 느슨해집니다. 이렇게 사람은 다이어트에 대한 보상으로 다이어트와는 상충되는 보상을 선택합니다.

보상은 달성하고 싶은 목표와는 다른 분야에서 주는 것이 바람직합니다. 저는 금주를 목표로 했을 때 마트에서 술을 사는 것을 참으면 보상으로 나에게 아이스크림을 사주었습니다. 쓴 약의 표면에 설탕을 입히듯이, 목표로 하는 습관과 보상을 조합한 것입니다.

단, 임시 보상은 초기에는 효과적이지만 습관 자체의 보상을 얻을 수 있을 때까지의 '연결고리' 정도로만 생각하는 것이 좋습니다.

동기와 보상에는
여러 가지가 있다

예를 들어 달리기를 습관으로 하고 싶을 때는 다이어트나 건강에 관련된 동기가 많을 것입니다. 그러나 그런 것들만 목적으로 삼으면 꾸준히 하기가 쉽지 않아집니다. 앞에서도 말했듯이 성장은 쉽사리 느낄 수 없기 때문입니다. 달리기를 해도 배가 고파진 만큼 음식을 먹어서 결국 살을 빼지 못합니다. 자신이 정말 건강해지고 있는지도 생각보다 실감이 나지 않습니다.

그런데 달리기에 '아이디어를 떠올리기 위해서'라는 보상이 있다면 어떨까요? 저는 달리다 보면 아이디어가 떠오르기도 하고, 생각이 정리되기도 해서 달리기는 일의 연장선이라고 생각합니다. 달리기를 못하면 일도 안 되니 어쩔 수 없이 하게 됩니다. 요즘에는 강변을 따라 달리고 있어서 자연을 느낄 수도 있습니다. 벚꽃이 작은 꽃

봉오리에서 피기 시작해 만개하고, 잎사귀가 되어가는 일련의 변화를 체험할 수 있습니다. 달리기의 동기는 가까운 곳의 자연을 느끼기 위함이기도 합니다.

생각을 정리하거나 자연을 느끼는 것은 건강이라는 모호한 대상과 다르게 금방 얻을 수 있는 보상입니다. 그렇게 바로 얻을 수 있는 보상이 있으면서, 장기적으로는 다이어트나 건강에도 도움이 된다고 생각하면 꾸준히 하기가 쉬워집니다.

제 영어 공부를 예로 들자면, 지금은 매일 온라인 수업을 듣고 있지만, 영어 실력이 향상되었다는 느낌은 잘 들지 않습니다. 하지만 매일 누군가와 이야기하는 즐거움을 얻는다고 생각하면 생각이 달라집니다. 온라인 영어 수업만 꾸준히 하면 나이가 들어 대화 상대가 없어도 괜찮겠다는 생각이 들기도 합니다.

고지마 히데키라는 사람은 자신이 살고 있는 도쿄 거리에서 아침 5시 반부터 8년째 쓰레기를 줍고 있습니다. 그가 쓰레기를 줍게 된 동기는 다음 5가지였습니다.

① 구체적으로 사회에 도움이 되는 일을 하고 싶다.
② 스스로 어떤 흐름을 일으키고 싶다.
③ 내가 사는 동네에 대해 아무것도 모른다.
④ 일의 방향성 때문에 고민하고 있다.
⑤ 자꾸 말을 더듬어서 괴롭다.

고지마 히데키는 10년이나 같은 동네에 살면서도 자신이 살고 있는 동네에 관해 아는 바가 전혀 없고 친구도 없었습니다. 하지만 쓰레기를 줍다 보니 참가자가 늘면서 커뮤니티가 형성되었습니다. 쓰레기 줍기에서 시작된 활동은 거리에 꽃을 심고, 꿀벌을 키우는 프로젝트로 점차 확산되었습니다. 환경에 대한 강좌를 열면서 사람들 앞에서 말하는 실력도 늘었습니다. 그리고 그것은 일로도 연결되었습니다. 도시 환경에 관련된 회사에 새로 취직하게 된 것입니다. 그가 시작한 것은 혼자서 쓰레기를 줍는 작은 일이었지만, 그것이 눈덩이처럼 크게 불어났습니다. 그는 무언가를 지속하게 해주는 동기는 3가지 이상 있는 것이 좋다고 했습니다.

습관 시간표를 만든 뒤, 그 습관의 동기나 보상을 명확하게 써두는 것도 좋은 방법입니다. 제가 사용한 방법을 예로 들자면 다음과 같습니다.

습관	보상
아침에 일어나 원고 쓰기	• 하루의 만족감을 얻을 수 있다. • 스스로 생각하는 시간을 만든다.
온라인 영어 수업	• 미래의 선택지를 늘린다. • 누군가와 이야기하는 게 즐겁다.
요가	• 컨디션을 조절한다. • 올바른 자세를 배운다. • 머리가 아닌 몸을 마주하고 몸과의 거리를 좁힌다.

꾸준히 계속할 동기, 바로 얻을 수 있는 보상도 함께 명확히 해두면 그만두고 싶어졌을 때도 다시 그 습관을 마주하기 쉬워집니다.

타인의 시선을
이용한다

"당신은 나를 더 좋은 사람이 되고 싶게 해."

● 영화 〈이보다 더 좋을 순 없다〉 중에서

다른 사람의 시선을 신경 쓰지 않고 자신이 하고 싶은 일을 하는 것은 분명 중요합니다. 하지만 습관을 주제로 생각하면 다른 사람의 시선은 신경 쓸 대상이 아니라 제대로 이용해야 할 대상이 됩니다. 그리고 이는 습관의 단계 중 가장 효과적인 방법 중 하나입니다. 사람들은 나중에 얻을 보상보다 눈앞의 보상을 더 좋아하지만, 인간의 본능이라고 할 수 있는 이런 감정에 대항할 수 있는 것이 바로 '다른 사람의 시선을 이용하는 것'이기 때문입니다.

이성의 시선을 이용한다

사소한 예를 먼저 들어보겠습니다. 제 친구는 헤어디자이너가 잘생기면 두피 관리에 신경을 쓴다고 합니다. 전 라이브도어 CEO인 호리에 다카후미도 헬스장 트레이너는 이성을 선택한다고 합니다. 두피 관리나 근력 운동은 한다고 해서 단기간에 성과를 얻을 수 있는 것은 아닙니다. 보상이 시간적으로 멀다 보니 지속하기가 힘들 수도 있습니다. 하지만 두피 관리나 트레이닝을 게을리하면 이성이 실망할 것이고, 열심히 하면 칭찬을 받게 됩니다. 특별히 이성으로 의식하지 않아도, 어쨌거나 이성의 시선은 신경이 쓰이는 법입니다. 일단 눈앞의 벌칙이나 보상이 확실하기 때문에 행동을 지속하는 데 효과적인 수단이 됩니다.

　사람이 보상이라고 느끼는 일은 여러 가지가 있지만, 사람과의 교류, 타인에게 받는 인정이나 평가는 정말로 커다란 보상입니다. 왜 우리는 다른 사람의 시선에 이토록 신경 쓰는 것일까요?

커뮤니티 속에서의
평판에 신경 쓰는 이유

생식과 직결되는 이성과의 관계는 쉽게 이해할 수 있는데, 그것은 생존 경쟁에 있어서 매우 중요한 일이기 때문입니다. 사람은 아주 오랫동안 수십 명 단위의 커뮤니티 속에서 살아와서 집단에서 배척당하거나 쫓겨나지 않으려면 그 속에서 얻는 지위나 평판을 신경 쓰고 걱정할 수밖에 없었습니다. 혼자서는 먹고살 만큼 충분히 사냥할 수 없기 때문에 그 속에서 소외되는 일은 곧 생명의 위협을 의미합니다.

사람들이 SNS의 '좋아요' 수에 휘둘리거나(저도 그렇습니다), 상대의 비판에 강하게 반발하는 원인은 이것입니다. SNS에서 비판받는 일은 자신이 소속된 작은 커뮤니티 내에서 나쁜 소문이 퍼져 지금의 지위에서 끌어내려지는 일에 가깝습니다. 아무리 지성이 높은 사람이라고 해도, 익명의 누군가에게 비판받았을 때 격렬하게 항의하는 것은 이런 까닭 때문입니다.

마찬가지로 사람들이 가십에 끌리는 것은, 가십이 악평을 퍼뜨려 상대를 끌어내리는 일과 비슷하기 때문입니다. 거기에서 희열을 느끼는 것입니다.

미시시피 서머 프로젝트 사례

죽음의 위험을 무릅쓰고서라도 커뮤니티의 기대에 부응하려고 애쓰는 사람들도 있습니다. 1964년 미국에서 '미시시피 서머 프로젝트Mississippi Summer Project'라는 흑인 인권운동이 일어나 미국 전역의 대학생들이 지원했습니다. 그러나 극단적인 백인들에게 위해를 받을 가능성이 있어서(실제로 3명의 자원봉사자가 살해당했습니다) 합격한 1,000명의 학생 중 300명이 지원을 철회했다고 합니다.

사회학자 더그 매캐덤Doug McAdam은 지원을 취소한 학생과 위험성을 알면서도 운동에 참여한 학생들 사이에 어떤 차이가 있는지 조사했습니다. 일단 참여한 동기에는 큰 차이가 없었습니다. 그리고 일이 바쁘다거나 결혼 여부 등 개인적인 상황도 별 관계가 없었습니다. 차이점은 소속된 커뮤니티에 있었습니다. 이 활동에 끝까지 참여한 학생들은 자신들이 미시시피에 가기를 기대하는 커뮤니티에 소속되어 있었던 것입니다.

정치 활동이나 종교 커뮤니티에 친구나 지인이 있으면 '미시시피에 가지 않으면 사회적으로 입장이 난처해진다'고 생각했습니다. '자신에게 소중한 사람들로부터 존경과 신뢰를 잃게 된다'고 더그 매캐덤은 말합니다. 물론 흑인의 투표권 쟁취라는 정의로운 활동에 대한 열정도 품었을 것입니다. 그러나 커뮤니티 내부에서 평판을 떨어뜨리고 싶지 않은 마음 또한 위험부담이 높은 일에 참여하도록 부추긴 것입니다.

위대한 팀이 위대한 선수를 만든다

스포츠에서 성과를 내려면 무엇보다 수준이 높은 팀에 소속되어야 합니다. 6년 동안 수영선수들의 연습에 동행하면서 인터뷰한 사회학자 대니얼 챔블리스Daniel Chambliss는 위대한 수영선수가 되려면 위대한 팀에 들어가는 수밖에 없다고 주장했습니다.

"주변 사람들이 모두 4시에 일어나서 연습하러 가는 환경에 있으면 자신도 자연스럽게 그렇게 하게 된다. 그것이 당연하게 느껴지고 습관이 되는 것이다."

수준 높은 팀에 소속되면 그 집단과 보조를 맞추려고 서로 경쟁적으로 실력을 갈고닦게 됩니다. 이것은 일반인도 마찬가지입니다. 자신의 수준에 맞는 팀을 찾으면 됩니다. 함께 달릴 상대를 찾으면 달리기를 지속하기가 쉬워집니다.

SNS의 순기능

오프라인 모임만이 아니라 SNS를 잘 이용해도 효과적입니다. 저는 처음으로 마라톤 풀코스를 뛰겠다고 결심했을 때 먼저 트위터에 마라톤에 참가한다는 글을 올렸습니다. 의도된 행동이었습니다. 당시 제 트위터 팔로워는 5,000명 남짓이었고, 마라톤 결과도 트위터로 알릴 작정이었습니다.

오키나와 나하에서 열린 첫 번째 마라톤은, 더운 날씨에 전체 참가자의 절반밖에 완주하지 못한 가혹한 대회였습니다. 장딴지가 땅기고, 발은 신발 속에서 땡땡 부었습니다. 그러나 '여기에서 기권하면 5,000명의 팔로워들이 한심하다고 생각하겠지'라는 생각이 완주하는 데 도움이 되었습니다. 만약 아무에게도 말하지 않고 몰래 참가했다면 중도 포기했을지도 모릅니다.

팔로워들을 실망시키고 싶지 않아서

연예인 다케이 소는 바쁜 일정 속에서도 매일 1시간씩 근력 운동을 하고, 1시간은 자신이 모르는 것을 찾아보는 습관이 있습니다. 그것이 가능한 이유는 '나 자신을 위해서 하는 일이 아니기 때문에', '팔로워(현재 155만 명)들을 실망시키고 싶지 않아서'입니다. 다케이 소처럼 팔로워가 많아야 할 수 있는 일은 아닙니다. 사람들은 예로부터 수십 명의 작은 무리나 마을을 커뮤니티 단위로 삼아왔고, 상대가 한 사람이라고 해도 효과는 있었습니다.

커뮤니티는 한 명이라도 충분하다

저는 단것을 끊기로 결심했을 때 '단것 끊기 동맹'을 만든 적이 있습니다. 같은 시기에 단것을 끊으려고 한 친구와 단것을 먹으면 서로 '자진납세'하기로 약속했습니다. 벌칙도 알기 쉽게 정했습니다. 끔찍하지만 "만약 규칙을 어기면 나는 너를 '흠, 그 정도 인간인가 보다'라고 생각하기로 했어"라고 전했습니다. 제가 어겨도 마찬가지입니다. 단것을 참을 때 그 친구의 얼굴이 뇌리를 스치면 조금은 도움이 되었습니다. 실제로 그 친구는 지금까지도 단것을 끊은 상태입니다.

최근에는 '짝 독서'라는 방법을 사용하는 사람도 있습니다. 30분 정도 시간을 정해서 두 사람이 같은 책을 읽습니다. 그리고 그 내용에 대해 토론합니다. 토론은 실제로 만나지 않고 메신저 등으로도 가능합니다. 시간 제약이 있는 데다, 토론을 하려면 책을 깊게 이해하고 자신의 생각을 정리해야 합니다. 그래서 평소에 혼자 독서하는 것보다 더 많은 양을 열심히 읽을 수 있습니다.

카페에서 공부가 잘되는 이유

같은 사람이라도 자신의 행동을 누군가 보고 있을 때와 그렇지 않을 때, 그 행동의 결과가 누군가에게 전해질 때와 그렇지 않을 때의 행동이 달라집니다.

- 누가 보고 있다고 생각하면 자세를 바르게 하거나 매너 있게 행동한다.
- 카페나 도서관 등 주변에 사람이 있어야 오히려 일이 잘되고, 집에서는 마냥 빈둥거린다.
- 익명 게시판에서는 쉽게 험담을 늘어놓는다.
- 자동차 안에 혼자 있을 때, 마구 성질을 내거나 노래를 크게 부른다.

다른 사람의 시선이나 커뮤니티에서의 평판이 신경 쓰이는 것은, 어쨌든 인간의 본능에 가까운 것입니다. 그것에 휘둘리는 것은 괴로운 일이지만, 의식적으로 받아들여서 이용하면 엄청난 힘을 발휘합니다.

미리 선언한다

해야 할 일을 미리 선언하는 것도 타인의 시선을 이용하는 방법으로 절대적인 효과를 발휘합니다. 하뉴 유즈루 선수는 2008년 일본 선수권대회에 출전해 8위에 올랐을 때 이렇게 선언했습니다. "아라카와 시즈카 선수가 올림픽에서 금메달을 땄으니, 내가 일본에서 두 번째 올림픽 금메달리스트가 되고 싶다." 당시 14세의 어린 학생이었기 때문에 그 말이 보도되지는 않았지만, 이런 말의 힘을 제대로 이용한 선수입니다.

같은 방법으로, 방을 정리하고 물건을 줄일 때 '미래 일기'를 사용할 수 있습니다. SNS에 '이것을 버렸습니다'라고 버리기 전에 글을 씁니다. 그렇게 하면 SNS와 현실이 모순되는 괴로움이 벌칙이 되어 버리기 쉬워집니다.

이 책을 쓸 때도 미리 선언했습니다. 이제 와 고백하자면, 블로그에 먼저 '다음 책의 주제는 습관입니다'라고 선언한 다음에야 비로소 진심이 되었습니다. 마감을 정해두는 것도 커뮤니티의 힘을 효과적으로 활용하는 것입니다. 마감을 어기면 관계자들에게 민폐를 끼치게 되기 때문입니다.

일단 선언을 하고 나면 거짓말쟁이라거나 게으르다는 소리를 듣지 않으려고 열심히 하게 됩니다(물론, 여전히 게으르지만). 아마 선언이나 마감일이 없었다면 이 책은 아직 출판되지 못하지 않았을까요.

벌칙은 세게 정한다

'미리 선언하기' 구조를 실제로 비즈니스에 적용한 사람도 있습니다. 《당근과 채찍 Carrots and Sticks》을 쓴 이언 에어스 Ian Ayres입니다. 가령 ○○킬로그램까지 살을 빼겠다고 다이어트 목표를 정하고, 그것을 달성하지 못하면 10만 엔을 벌금으로 내겠다는 식으로 벌칙을 크게 정합니다. 금연 중에 담배 1개비를 피우면 자신이 싫어하는 정치 단체에 기부하는 아이디어도 효과적입니다. 이언 에어스가 만든 서비스에서는 자신이 정한 벌칙을 홈페이지에 올리면 제3자가 진척 상황을 점검해줍니다.

다이어트나 금연처럼 성공하면 기쁘지만 실패해도 당장 대단한 벌칙을 받지는 않는 도전 과제에 효과적입니다. 벌칙은 최대한 가혹하게 정해야 합니다. 그렇지 않으면 '1만 엔 정도면 다이어트를 그만둬도 괜찮잖아?'라는 마음이 들 수 있습니다.

제3자의 시선으로
생각한다

우리 자신에게는 결코 하나의 인격만 존재하지 않습니다. 1장에서 보았듯이 뇌에는 본능적인 뜨거운 시스템과 이성적인 차가운 시스템이 있어서, 한쪽이 활성화되면 다른 한쪽은 비활성화됩니다. 그리고 우리의 행동을 결정하는 것은 의식에서 열리는 국회라고 했던 것을 떠올려봅시다.

가수 야자와 에이키치는 예약한 호텔에 문제가 생겼을 때 "나는 괜찮지만 야자와는 뭐라고 할까?"라고 말했다고 합니다. 두 번째 자아에 야자와 에이키치처럼 이름을 붙여보는 것도 좋습니다. 제 안에는 본능적인 다메오Dameo와 이성적인 후미오Fumio가 있습니다. 또 다른 자신이 나를 감시하는 것입니다. '아, 지루해. 이제 그만하고 싶어. 하지만 그러면 후미오는 뭐라고 할까?'

이렇게 제3자의 시선은 다양하게 응용할 수 있습니다.

• 미래의 자신에게 생각하게 한다

예방의학 연구자 이시카와 요시키는 어떤 유혹을 받으면 30년 후의 자신에게 질문하게 합니다. "너, 오늘 밤 술자리에 갈래? 아니면 연구에 매진할래?"라고 물어보면 답이 쉽게 나옵니다.

• 자신을 걱정해주는 존재가 있다

그레첸 루빈은 일을 해야 할지 말아야 할지 망설일 때 "내 매니저라면 뭐라고 말할까?"라고 생각한다고 합니다. 영화 〈마이 골든 데이즈〉에 이런 대사가 나옵니다. "자기 자신에게 자신을 지켜보는 형처럼 대하라." 너무 관대하지 않고, 때로는 엄한 조언도 해주는 형의 입장에서 생각해보는 것도 좋습니다.

• 예능 프로그램 촬영 중이라고 생각한다

"지금 이 순간이 관찰예능 프로그램을 촬영 중이라면?" "다음 주에 화보 촬영이 있다면?" 리얼리티 프로그램을 촬영하는 중이라면 누워서 빈둥거리지 못할 것입니다. 다음 주에 화보 촬영을 한다고 생각하면 좀 더 열심히 운동을 할 수도 있습니다.

• 내가 존경하는 인물이라면 어떻게 할까?

〈뜨거운 것이 좋아〉 등으로 알려진 영화감독 빌리 와일더 Billy Wilder의 서재에는 '루비치라면 어떻게 할까?'라는 종이가 붙어 있다고 합니다. 영화감독 에른스트 루비치 Ernst Lubitsch는 와일더에게 스승 같은 존재입니다. 그래서 각본을 쓰다가 막히면 스승의 관점에서 생각하는 것입니다. 그리고 스승은 시대에 따라 바뀝니다. 영화감독 미타니 고키는 '빌리 와일더라면 어떻게 할까?'라고 생각한다고 합니다.

신앙심이 있는 사람은 일반적으로 자제력이 강합니다. 왜일까요? 항상 신이 자신을 보고 있다고 생각하기 때문입니다. '하늘이 지켜보고 있다'라는 말이 있습니다. 제3자의 시선으로 생각하는 것이 본질적으로 무언가를 바꾸는 일은 아니지만, 힘든 상황에서 버틸 수 있는 기술 중 하나로는 유용합니다.

좀 더 하고 싶은 순간에
손을 뗀다

습관이 어느 정도 궤도에 오르면 왠지 모르게 컨디션이 좋은 날이 있습니다. 달리기를 하는데 하염없이 달릴 수 있을 듯한 기분이 들기도 합니다. 그러나 그때 자신의 한계를 시험해보겠다고 지쳐 쓰러질 때까지 달리면 머릿속 한구석에 '달리기는 고통스럽다'는 인상이 남아 다음번에 달리기를 시작할 때 영향을 미칩니다.

　습관은 한 번의 성취보다 꾸준히 하는 것이 중요하므로 좀 더 하고 싶은 지점에서 멈추어야 합니다. 예를 들면, 대략 80퍼센트 정도에서 그만둡니다. 그렇게 하면 즐거운 인상을 가진 채로 끝이 납니다. 저도 기타 연습이나 영어 공부를 괴로워질 때까지 하지 않습니다. 그래야 다음 날도 하고 싶어집니다. 지루함이 몰려올 때까지 해서는 안 됩니다.

근육은 한계를 넘어서 상처를 입었을 때 더욱 성장합니다. 일류 운동선수들은 컴포트 존comfort zone, 즉 '쾌적한 영역'을 넘어서 괴로운 연습을 거듭합니다. 그러나 그런 것은 습관이 만들어지고 난 훨씬 다음의 이야기입니다.

헤밍웨이도 도중에 그만뒀다

중간에 그만두는 것은 작가처럼 오랜 기간 노력이 필요한 일에도 효과적입니다.

헤밍웨이도 항상 중간에 손을 멈췄습니다. 그는 어느 잡지 인터뷰에서 일하는 방식을 이렇게 설명했습니다.

"먼저 이전에 쓴 부분을 읽는다. 항상 다음이 어떻게 될지 구상이 끝난 지점에서 펜을 멈추니까 거기서부터 이어서 쓸 수 있다. 그리고 아직 기운이 남아 있고 다음을 어떻게 쓸지 윤곽이 잡힌 지점까지 쓰고 멈춘다."

헤밍웨이는 '시작의 어려움'을 잘 알고 있었습니다. 그래서 다음 이야기가 어떻게 될지 머릿속으로 구상이 끝난 지점에서 멈추고, 다음 날 바로 거기서부터 시작하면 고민하지 않고 순조롭게 집필을 시작할 수 있습니다. 일단 시작하기만 하면 의욕이 생기고 뇌가 집중력을 발휘합니다. 이것은 직장인에게도 적용할 수 있습니다.

218

무심코 딱 떨어지는 지점까지 일을 끝낸 다음 집에 가고 싶어지는데, 그렇게 하면 내일은 아무런 실마리도 없는 지점에서 일을 시작해야 합니다. 기획서를 작성할 때도 억지로 끝까지 마무리하기보다 중간에 손을 떼면 내일 업무를 빠르게 시작할 수 있습니다.

"좀 더 쓰고 싶은 기분은
내일을 위해 남겨둔다"

무라카미 하루키도 마찬가지로 철저하게 400자 원고지 10장 정도를 쓰면 글쓰기를 멈춘다고 합니다. 그는 어느 잡지 인터뷰에서 이렇게 말했습니다.

"8장까지 쓰고 이제 더는 쓸 수 없다고 생각해도 어떻게든 10장을 채운다. 더 쓰고 싶은 생각이 들어도 쓰지 않는다. 더 쓰고 싶은 마음은 내일을 위해 남겨둔다."

6장까지 극적인 전개가 진행되는 내용을 다 썼다고 해도 계속해서 남은 4장을 쓰는 것입니다. 요컨대 매일 써야 할 분량을 정해놓고, 내용이나 형식상으로 딱 떨어지는 지점이 있더라도 거기서 멈추지 않습니다.

작가 앤서니 트롤럽Anthony Trollope은 "매일 작은 일을 계속하면 변덕스러운 헤라클레스보다 더 많은 일을 할 수 있다"고 말했습니다. 가끔 하는 대모험보다 매일 꾸준히 실천하는 작은 습관이 장기적으로 봤을 때 더 먼 목적지까지 우리를 안전하게 데려다줄 것입니다.

완전히
멈추지 않는다

사소한 실수는 신중하게 감은 실타래를 떨어뜨린 것과 같다.
한번 실을 떨어뜨리면 그 몇 배나 되는 실을 다시 감아야 한다.

• 윌리엄 제임스

메이저리그 시즌이 끝나면 선수들은 모두 고향으로 돌아갑니다. 그러나 스즈키 이치로만 구장에 나타나 연습을 합니다. 그는 이렇게 말했습니다.

"쉬려고도 해봤다. 그게 도움이 되는지 확인해보려고 한 달 동안 연습경기를 하지 않았다. 그러자 몸이 내 몸처럼 느껴지지 않았다. 마치 병에 걸린 것 같았다."

여러 방법을 시도해보면서 다른 선수들과 반대되는 방법으로 간 것입니다. 진정한 깨달음을 얻은 사람 같습니다. 그가 중요하게 여긴 것은 '완전히 멈추지 않는 것'입니다.

작가 존 업다이크John Updike도 영감을 기다리지 말고 매일 글을 쓰라고 했습니다. 그 이유는 '글을 쓰지 않는 일은 굉장히 편해서 그것에 익숙해지면 다시는 글을 쓸 수 없기 때문'이라고 했습니다.

1년 만에 만나는 멧돼지는 두렵다

엽사인 센마쓰 신야에게 이런 이야기를 들은 적이 있습니다. 일본에서 사냥을 할 수 있는 기간은 겨울의 몇 개월뿐입니다. 그래서 다음 해 사냥철이 되어 1년 만에 멧돼지를 만나면 매년 사냥을 해왔는데도 '멧돼지가 이렇게 무서웠나?'라는 생각이 든다고 합니다.

책을 쓰는 일도 비슷해서 이 이야기를 듣고 크게 반성했습니다. 거의 2년 만에 새 원고를 쓰기 시작하니 글을 쓰는 게 이렇게 어려운 일이었나 싶었습니다. 속도를 줄이더라도 바퀴를 완전히 멈추지 않는 편이 다시 달리는 데 훨씬 유리하다는 것을 깨달았습니다.

습관의 신, 앤서니 트롤럽의 작업 방식

작가 앤서니 트롤럽은 앞에서도 소개했지만 저에게 '습관의 신'과 같은 인물입니다. 그는 원래 우체국 직원으로, 영국에 있는 빨간 우체통을 창안하기도 했습니다. 그는 출근 전 2시간 반을 글쓰기에 할당했습니다. 풀타임으로 일하면서 47편의 소설과 16편의 저서를 남겼고, 문학사에서도 상당히 다작한 작가로 꼽을 수 있습니다.

다작의 비결은 한 작품이 끝나자마자 바로 다음 작품에 착수하는 것이었습니다. 어느 날 그는 600쪽짜리 대작을 완성했습니다. 일반적인 작가라면 탈고 후에 밖에 나가 실컷 놀거나 휴가를 떠나고 싶을 법도 한데, 그는 평소처럼 다시 작업을 이어갔습니다. 작업 시간인 2시간 반까지 아직 15분 정도가 남아 있었기 때문에 방금 전에 완성한 원고에 '완결'이라고 쓴 뒤 옆에 두고 곧바로 새로운 작품을 쓰기 시작했습니다.

피아니스트나 기타리스트는 하루라도 악기를 만지지 않으면 감각이 둔해진다고 합니다. '하루만 쉬어도 3일치 연습 성과가 사라진다'는 연주자도 있을 정도로, 하루라도 손을 대지 않으면 실력이 늘지 않을뿐더러 그전의 컨디션으로 돌아가는 데 많은 노력이 필요합니다. 저만 해도 3, 4일만 운동을 걸러도 그 이전의 상태로 돌아가기 위해 평소보다 더 노력해야 합니다. 달리기를 하면 평소보다 숨이 차고, 근력 운동을 할 때도 더 무겁게 느껴집니다. 윌리엄 제임스의 말처럼, 어렵게 감은 실을 떨어뜨린 것과 같습니다.

습관에서 멀어지면 멀어질수록 다시 되돌리기가 힘들어집니다. 그래서 더더욱 쉬고 싶지 않게 됩니다. 습관을 반복할수록 더더욱 습관이 단단해지는 구조입니다.

매일 하지 않으면
서툴러진다

필리핀 학교에서 영어를 공부할 때의 일입니다. 그 학교는 주말에 수업이 없어서 주말 동안 일본인 학생들과 일본어만 사용하며 지내다 보니, 월요일이 되면 말문이 막힌다는 사실을 깨달았습니다. 이현상은 많은 선생님들이 지적했던 부분이라서 영어를 학습하는 사람이라면 대부분 공감할 것입니다.

지금은 온라인으로 영어 수업을 받고 있는데, 상황은 마찬가지입니다. 사정이 여의치 않아 2, 3일 수업을 받지 못하면 영어로 말하는데에 답답함이 느껴집니다. 유학을 가서 매일 영어에 푹 빠져 지냈어도, 일본에 돌아와서 영어를 하나도 쓰지 않았더니 완전히 까먹었다는 사람도 많습니다.

매일 하지 않는 것은 서툴러집니다. 영어는 하지 않으면 잊어버리고, 스트레칭을 하지 않으면 몸이 굳어지며, 근력 운동을 하지 않으면 몸이 약해집니다.

하루 습관이 몸에 배어 있지 않으면 잘할 수 없습니다. 냉혹한 현실인 듯해도 꼭 부정적이라고 할 수는 없습니다. 이것도 하고 싶고, 저것도 하고 싶다고 생각해도 결국 매일 하지 않은 일은 아무것도 되지 않는다는 것을 실감할 수 있기 때문입니다. 그러니 정말 잘하고 싶은 것들만 우선순위를 정해서 하루의 습관에 포함시켜야 합니다. 습관으로 빈틈없이 채운다 해도 하루라는 시간은 정말 짧아서 우리가 할 수 있는 일은 그리 많지 않습니다. 이 하루에 포함되지 못한 일은 결국 인생에도 포함할 수 없는 일이었다고 인정하면 마음이 편해집니다.

매일 해도 성장이 보이지 않는 일도 많습니다. 저에게는 그런 일뿐입니다. 하지만 하지 않아서 서툴러진다면 현재를 유지하는 것으로도 자랑할 만한 일이 아닐까요? 현상 유지가 가능한 정도라면 앞으로 나아가는 것과 거의 비슷할지도 모릅니다.

반드시 기록을 남긴다

매일 아침, 체중계에 올라가기만 해도 과체중인 사람은 살이 쉽게 빠진다는 연구 결과가 있습니다. 다음 날 체중계에 올라갈 일을 생각하기만 해도 식습관에 신경을 쓰게 되기 때문입니다. 다음 날 아침에 체중이 늘어나면 기분이 울적해지고, 그것이 벌칙이 됩니다. 벌칙을 피하려고 눈앞의 맛있는 음식을 밀어낼 수 있습니다. 습관을 들일 때도 이런 측정과 기록의 효과를 사용해야 합니다.

스마트폰을 적극 활용한다

저는 스마트폰의 '웨이 오브 라이프Way of Life'라는 애플리케이션에 매일 습관을 기록하고 있습니다. 일찍 일어나기, 요가, 운동, 글쓰기 등 항목별로 나누어서 계획대로 실천했으면 녹색, 하지 못했으면 빨간색으로 그날의 습관을 기록하는 방식입니다. 비슷한 애플리케이션이 여러 가지 있는데, '모멘텀 Momentum' 등도 유명합니다. 연속해서 달성하면 효과음과 함께 점차 숫자가 쌓여서 기분이 좋아집니다. 블로그에 글쓰기를 습관으로 만들 때, 최장 연속 기록이 52일이었습니다. 여기까지 오면 계속된 녹색 불을 끊고 싶지 않다는 동기부여도 작용하게 됩니다.

미국의 코미디언 제리 사인펠트 Jerry Seinfeld는 코미디 소재가 떠오른 날은 달력에 'x'표를 쳤습니다. 'x'가 계속 이어지면 사슬 모양으로 이어집니다. "그 사슬 모양을 보는 것이 점점 즐거워졌다. 몇 주 분의 길이가 되면 각별한 기분마저 든다. 다음 목표는 그 사슬을 끊어지지 않게 하는 것이다." 이 경우 사슬이 끊어지는 일 자체가 벌칙이 되므로 습관을 유지하도록 노력하게 됩니다.

기억조차 자신에게 유리하게
조작할 수 있다

기록하지 않으면 인간의 뇌는 무서울 정도로 편리하게 기억을 왜곡합니다. 제가 다니는 헬스장에는 기구에 횟수를 기록해주는 기능이 있는데, 스스로 '좋아! 10번 들었다!'고 생각해도 기구에는 8번이라고 기록된 적이 몇 번 있었습니다. 너무 괴로운 나머지 내 머리가 횟수를 빼먹었나 싶어 상당히 당황스러웠습니다. 습관을 유지하려고 해도 기록하지 않고 '그럭저럭 잘하고 있는 편인가?' 하는 인상만 가지고 있다 보면 자신에게 지나치게 관대해집니다.

매일 기록해야 합니다. 습관으로 자리 잡으면 신경 쓰지 않아도 저절로 기록하게 되지만, 주의해야 할 것은 달성하지 못했을 때입니다. 저는 최근 몇 년 동안 아침마다 체중을 쟀는데, 과음하거나 과식한 다음 날은 결과가 나쁠 것이 뻔하기 때문에 일부러 체중계에 올라가지 않은 적이 많았습니다. 나쁜 결과를 피하려고 애초에 체중계에 올라가지 않는 속임수입니다. 살이 쪄도 매일 측정해야 합니다. 그 후회스러운 기분이 벌칙이 되어 다음 단계로 이어지기 때문입니다.

[나쁜 습관을 버리지 못하는 이유]

"이건 없던 일로 하자"

그 외에도 기록을 할 때 '이번 일은, 오늘 일은 없었던 일로 하자'고 생각하는 경우가 있습니다. 여행 중이라서, 컨디션이 좋지 않아서, 평상시와 다른 일이 일어났기 때문입니다. 없던 일로 하고 싶은 이유는 얼마든지 늘어납니다. 앞서 말한 '웨이 오브 라이프'라는 애플리케이션에도 '건너뛰기'라는 기능이 있습니다. 즉 '오늘은 예외'라는 표시를 사용하는 것인데, 지나치게 자주 사용하면 건너뛰기투성이가 됩니다. 그러니 딱 잘라서 달성 여부만을 기록해야 합니다.

오늘 한 일 쓰기

제가 반년 동안 게으름을 피우면서 우울해할 때, 그날 한 일 목록을 일기에 쓴 적이 있습니다.

- 귀찮은 메일에 답장했다.
- 갖고 싶은 신발의 가격을 조사했다.
- 쓰레기를 밖에 내놨다.
- 세금을 냈다.
- 파인애플 껍질을 벗기는 방법을 배웠다.

사람들은 종종 '오늘은 아무것도 한 게 없네'라며 우울해지기 쉬운데, 기록을 해보면 나름대로 할 일을 해냈거나 해야 할 일을 준비하기도 했을 것입니다. 한 일 목록을 쓰는 일은 더 우울해지는 것을 막아줍니다.

진행 상황을 눈으로 보면
없던 힘도 솟아난다

기록의 좋은 점은, 자신의 노력이 구체화되어 더 큰 동기부여를 불러온다는 것입니다. 컬럼비아대학교에서 포인트 카드를 이용해 다음과 같은 조사를 했습니다. 카페에 방문하면 1포인트를 받고, 일정 포인트가 쌓이면 커피를 무료로 받을 수 있습니다.

ⓐ 포인트가 0점인 카드를 받고, 10개를 모으면 커피를 무료로 받는다.
ⓑ 이미 포인트가 2개 찍힌 카드를 받고, 12개를 모으면 커피를 무료로 받는다.

공짜 커피를 마시기 위해 10개의 포인트를 모아야 하는 것은 둘 다 똑같지만, ⓑ를 선택한 손님들은 평균 20퍼센트 빠르게 공짜 커피를 얻었다고 합니다. '0'인 상태보다 조금이라도 '진행 중'이라는 느낌이 들면 사람들은 그 행위에 더 노력을 기울인다는 사실을 보여주는 결과였습니다.

헤밍웨이는 자신이 쓴 단어의 수를 매일 기록해서 표로 만들었습니다. 앤서니 트롤럽도 스스로 15분에 250개의 단어를 쓰는 과제를 부여해서 단어 수를 셌습니다. 그것을 모방해서 저도 이 책의 원고를 쓸 때 매일 쓴 글자 수를 기록했습니다. 이렇게 하면 그날의 과제를 끝냈다는 만족감과 더불어 훌륭한 일을 하나 더 해낸 듯한 기쁨이 있습니다. 진행 상황을 기록하는 데는 승리를 미리 축하하는 의미도 있습니다.

최선을 다해서 쉰다

습관을 지속하기 위해 중요한 것은, 자신이 얼마나 휴식을 해야 충분히 회복되는지 파악하는 일입니다. 다음 날 온전히 회복되지 않으면 어딘가에서 균열이 발생합니다. 작은 균열은 점차 커져서 습관을 지속하기가 어려워집니다.

먼저 자신에게 수면 시간(침대에 있는 시간)이 얼마나 필요한지 정확히 파악해야 합니다. 저는 알람을 맞추지 않고 자연히 눈이 떠졌을 때의 수면 시간을 여러 차례 기록해본 결과, 저에게 필요한 수면 시간은 8시간 정도임을 알아냈습니다.

하루가 23시간이라고 생각한다

무라카미 하루키는 하루에 1시간은 반드시 달리기나 수영을 합니다. 그래서 그는 애초에 하루가 23시간이라고 생각합니다. 운동을 필수로 놓고 나머지 시간은 다른 일에 할당함으로써 1시간을 24시간에서 빼놓고 생각하는 셈입니다.

마찬가지로 저는 먼저 수면, 식사, 휴식 같은 기본적인 활동을 24시간에서 빼놓아야 한다고 생각합니다. 그것을 먼저 확보한 다음 다른 일에 나머지 시간을 할당합니다.

병원에 가는 사람의 특징으로,

- 수면 시간이 부족하다.
- 맛있는 밥을 먹지 못한다.
- 쉬지 못한다.

이런 기본적인 조건이 충족되지 않았음을 꼽을 수 있습니다. 블랙 기업에서 오랫동안 혹사당해도 자신을 희생한다는 도취감에서 보상을 얻는 경우가 있습니다. 그런 환경에서 벗어나고 싶어도 회사 동료들과의 관계나 사내 커뮤니티 때문에 끊지 못합니다.

수면이나 휴식 같은 기본적인 시간을 확보할 수 없다면, 이런 희생을 치르면서까지 하고 싶은 일인지 다시 생각해봐야 합니다.

스티븐 킹은 오전에만 글을 쓴다

스티븐 킹 Stephen King은 다작한 작가이지만, 《유혹하는 글쓰기》(김영사, 2017)에 따르면 집필은 오전 중에만 하는 것으로 정해놓았다고 합니다. 그리고 일단 작품에 착수하면 등장인물을 살아있는 인간으로 만들기 위해 매일 글을 씁니다. 크리스마스에도 쓰고, 생일에도 씁니다.

매일 쓰는 대신 오전에만 작업을 해서 피로를 남기지 않습니다. 이것이 오랜 세월 동안 문단의 최전선에서 활약하는 작가들의 비결인 듯합니다.

그래서 저는 휴식이 일과 별개의 것이 아니라 같은 과정에 있는 하나의 행위라고 생각하게 되었습니다. 지속하지 못할 정도로 피곤하다면 애초에 일이 아닌 것입니다.

잠을 자는 동안
아이디어가 떠오르는 이유

화가 살바도르 달리 Salvador Dali는 꿈에서 본 광경을 그림으로 그렸고, 로버트 루이스 스티븐슨 Robert Louis Stevenson도 《지킬 박사와 하이드》의 이중인격이라는 주제를 꿈에서 떠올렸습니다. 독일의 화학자 아우구스트 케쿨레Friedrich August Kekule처럼 꿈에서 본 이미지에서 화학 공식을 떠올린 사람도 있습니다. 이렇듯 사람은 깨어 있을 때보다 수면 중에 더 대단한 일을 해내기도 합니다. 잠이 들면 의식은 사라지지만, 뇌는 계속 활동하고 있어 소비되는 칼로리도 변함이 없습니다.

과거에 저는 잠자는 시간이 솔직히 아까웠습니다. 심신의 회복을 위해 어쩔 수 없이 자야 한다는 정도로 받아들였습니다. 그래서 잠을 짧게 자도 괜찮은 사람이 부러웠습니다. 그러나 꿈을 보면 알 수 있듯이 수면 중에 우리의 무의식이 펼치는 상상력은 평소보다 훨씬 엉뚱하고 재밌을 때도 있습니다.

왜 자는 동안 이런 놀라운 일이 벌어지는 걸까요? 이는 렘 수면 중에 각성 상태에서는 일어나지 않는 신경세포의 무작위적 결합이 일어나기 때문이라고 합니다. 그래서 꿈이 그렇게 초현실적인 것입니다. 그리고 눈을 떴을 때는 생각지도 못했던 기억의 조합 덕분에 아이디어가 샘솟기도 합니다.

이 책을 쓸 때도 그랬습니다. 책상 앞에 앉아서 생각할 때가 아니라 한밤중에 잠에서 깨어 멍하니 있을 때 해결책이 떠오르기도 하고, 잠을 자다가 '맞아! 그거야!'라고 느낀 순간이 몇 번이나 있었습니다('맞아!'라는 느낌만 남고 무엇인지는 잊어버린 적도 많습니다).

잠을 자는 중에도 뇌는 쉬지 않고 계속 일하며 생각지도 못한 아이디어를 제공합니다. 수면은 단지 회복을 위해서만 필요한 것이 아니라 창의적인 활동에 필수적인 요소가 아닐까요?

자기 전에는 재미없는 일을 하라

이렇게 중요한 잠인데 왜 잠드는 시간이 점점 늦어질까요? 그날을 아직 포기할 수 없기 때문일 것입니다. 낮에 일 때문에 바빴다면, 밤에는 개인적으로 좋아하는 일을 하고 싶은 마음을 충분히 이해합니다. 해외 드라마, 미스터리 소설, 퍼즐 게임 등 멈출 수 없을 정도로 손에 땀을 쥐게 하는 것, 다음이 궁금해지는 활동들을 주로 밤에 합니다.

물론 그런 것을 보면 무척 즐겁습니다. 하지만 잠자리에 들기 직전까지 너무 재미있는 것을 하다 보면 '10분만 더', '이 부분이 끝날 때까지만'을 계속 반복하게 됩니다. 그래서 잠자리에 드는 시간이 점점 늦어집니다.

제가 좋은 방법이라고 생각하는 것은 자기 전을 조금 지루하게 만들기입니다. 예를 들면, 지루한 책을 읽는 것입니다. 단편집이나 시집은 짧막하게 나누어져 있으므로 어디에서든 멈추기 쉽습니다. 실용서나 영어 문법책도 항목별로 나누어져 있으니 아무 때나 덮을 수 있습니다.

화가 프랜시스 베이컨은 불면증에 시달려 잠을 자기 전에 오래된 요리책을 반복해서 읽었습니다. 요리책을 읽음으로써 명상하듯 자신의 생각을 가라앉힐 필요가 있었던 것이 아닐까 추측해봅니다. 제가 잠자리에 드는 시간은 저녁 9시 반입니다. 취침 알람이 울렸을 때 너무 즐거운 상태가 아니면 하던 일을 멈추기 쉽습니다. 그렇게 해야 후회 없이 그날을 마무리할 수 있습니다.

STEP 38

낮잠의 효과는 엄청나다

몇 시에 식사를 하고, 그 후에 낮잠을 자는지 알려주면
당신이 어떤 사람인지 알아맞힐 수 있다.

● 메이슨 커리

영국의 전 수상 윈스턴 처칠 Winston Churchill과 35대 미국 대통령 존
F. 케네디 John F. Kennedy 등 바쁜 정무에 종사했던 사람들이 효과적
으로 낮잠을 이용했다는 이야기는 널리 알려져 있습니다. 《리추얼》
에 의하면 많은 천재들이 낮잠을 잤다고 합니다. 아인슈타인 Albert
Einstein, 다윈 Charles Robert Darwin, 마티스 Henri Matisse, 프랭크 로이
드 라이트 Frank Lloyd Wright, 프란츠 리스트 Franz Liszt도 낮잠을 잤습
니다. 아무래도 정치인처럼 머리를 많이 쓰는 일이나 창조적인 일과
낮잠은 떼려야 뗄 수 없는 관계인 듯합니다.

　미국 항공우주국 NASA, 구글, 나이키 등은 '낮잠 자는 방'을 마련
해서 업무 시간 중에 20분 정도의 짧은 낮잠인 파워냅(power nap, 기
력을 회복하기 위해 잠깐 자는 잠 – 옮긴이)을 권장하고 있습니다. (이런 '구글

도…'라는 글을 볼 때마다 드는 생각이지만, 구글에서 일하는 우수한 사람들에게 필요한 것은 그렇지 않은 사람들에게 더 필요하지 않을까 생각합니다.) 저도 하루에 2번, 15분씩 낮잠을 자고 있습니다(첫 번째는 그냥 아침에 잠시 더 자는 것입니다).

머지않은 미래에 '회사에 낮잠 자는 방을 설치하는 것'이 법으로 만들어지면 좋겠습니다. 만약 제가 회사를 만든다면 무엇보다 낮잠 자는 방을 확보하는 일을 가장 중요한 과제로 삼을 것입니다. 그 정도로 절대적인 효과를 느끼고 있습니다.

후쿠오카현 메이젠 고등학교에서 학생들에게 10분 동안 낮잠을 자도록 했더니 도쿄대 합격자 수가 2배로 늘어났다고 합니다. NASA의 연구에 따르면 26분간 낮잠을 자면 기억과 주의력 등 인지능력이 34퍼센트 향상된다고 합니다.

인지능력이 올라갔다는 것은 차가운 시스템이 활성화되었다는 뜻입니다. 그래서 눈앞의 욕구를 식히고 나중의 보상을 얻기 위해 행동할 수 있습니다. 저는 경험을 통해서도 그것을 분명히 느꼈습니다. 저는 운동이나 어려운 일 등 의지력이 필요한 작업을 하기 전에 15분간 파워냅을 합니다. 15분이면 놀랄 정도로 머리가 상쾌해지고 의욕이 넘쳐납니다.

전략적 낮잠이란?

그래서 지금 저는 아침을 2번 맞으며 살고 있습니다. 아침 5시에 일어나서 9시 반에 도서관에 가는데, 그사이에 4시간이 생깁니다. 그때 요가를 하고, 영어 공부도 하는 등 다양한 일을 하다 보니 가장 중요한 일을 하기 전에 제가 좀 지쳐 있다는 것을 깨달았습니다.

그래서 일을 시작하기 전에 잠깐 잠을 자기로 했습니다. 이 15분의 두 번째 잠을 '전략적 낮잠'이라고 부릅니다. 그렇게 하면 의지력은 다시 회복됩니다. 밤에 7, 8시간 자려고 노력하지만 완벽하게 푹 잠들지 못하는 날도 있고, 한밤중 애매한 시간에 잠에서 깨기도 합니다. 그럴 때마다 15분씩 2번 자고 일어나면 컨디션이 조절되어 하루 종일 기분이 상쾌해집니다.

작가 니콜슨 베이커 Nicholson Baker도 이 방법을 택했습니다. 새벽 4시에서 4시 반 사이에 일어나서 1시간 반 정도 원고를 씁니다. 그러다 잠이 오면 다시 자고 8시 반에 일어납니다. 이 방법이 좋은 이유는 아침에 일찍 일어나면 다소 졸리더라도 '곧 다시 한 번 더 잘 수 있으니까'라는 생각에 쉽게 일어날 수 있기 때문입니다. 이렇게 하루에 아침을 2번 만들어내는 전략적 낮잠을 추천합니다.

적극적인 활동을 하며 휴식한다

아무것도 하지 않고 쉬기보다 적극적으로 행동하는 편이 훨씬 마음을 쉬게 하고 정신적으로 좋은 영향을 줍니다. 이것을 '세체노프Sechenov 효과'라고 부릅니다. 우리는 피곤하면 침대에 누워서 빈둥거리고 싶어지지만, 잠만 자면 기분은 바뀌지 않고 저녁 무렵에는 자기혐오에 빠지기 쉽습니다. 에너지를 사용하지 않는 것이 휴식이라고 할 수는 없습니다. 밖에 나가서 자연을 만끽하는 것처럼 쉴 때도 적극적으로 즐거움을 찾는 편이 진정한 의미의 휴식입니다.

'우울 대처 목록'을 만든다

하루하루를 충실하게 살아도 때때로 슬프고 허무할 때가 찾아오게 마련입니다. 그럴 때를 대비해서 자신이 좋아하는 기분 전환 방법을 많이 준비해두는 것이 좋습니다. 이 방법들을 '우울 대처 목록'이라고 합니다. 그리고 그중에서 좋아하는 방법으로 스트레스에 의도적으로 대처해 나갑니다.

제 경우는 산책을 하거나, 나무나 흙 등을 만지는 것, 모닥불을 피우는 일, 자동차를 운전하는 일, 영화관에서 영화를 보는 일이 여기에 해당됩니다. 가끔은 멀리 떠나고 싶을 때도 있습니다. 내키지 않아도 그렇게 하면 확실히 기분이 좋아지거나 푹 가라앉았던 기분이 회복됩니다. 마음에 드는 장난감으로 자기 자신을 달래는 셈입니다.

휴식 시간도
소중하게 여긴다

무슨 일이든 연속으로 하면 싫증이 난다.
추위를 경험해야 몸을 녹이는 즐거움도 알 수 있다.

● 블레즈 파스칼

저는 요즘 하루를 일주일처럼 보내고 있습니다. 아침부터 저녁까지 공부하거나 일하는 시간은 회사에서 근무하는 평일과 같습니다. 일을 마치고 헬스장에 가서 운동을 하고 나면, 제가 하루에 해야 하는 습관이 끝이 납니다. 해가 지면 주말처럼 자유롭고 한가한 시간이 찾아옵니다.

자유 시간에는 무엇을 해도 상관없습니다. 처음에는 몸이 녹초가 되어서 스마트폰만 들여다봤는데, 이상하게도 죄책감이 들지 않았습니다. 결국 스마트폰을 보는 행위 자체가 아니라 '해야 할 일을 마치지 않고 딴짓을 한다'는 사실이 죄책감을 낳았던 것입니다. 그런 습관에 익숙해지자 피곤함도 사라졌고, 빈둥거리며 스마트폰을 보던 시간도 자연히 줄어들었습니다. 요즘은 자유 시간에 영화를 자주 봅니다.

누구나 시간을 최대한 유익하게 사용하고 싶어 합니다. 습관은 바로 그런 사람을 위해 존재합니다. 그러나 24시간 전부를 유익한 시간으로 채울 수는 없고 또 그렇게 해서도 안 됩니다. 습관을 지속하는 동안 머리를 비우는 시간도 의식적으로 확보해야 합니다.

칸트의 휴식법

비평가 가라타니 고진은 일본을 대표하는 지성이지만, 글쓰기나 독서는 저녁까지만 하고 밤에는 드라마나 영화를 본다고 합니다. 저녁이후에는 머리를 사용하지 않겠다는 뜻입니다. 10년 이상 그렇게 해왔습니다.

철학자 칸트도 '습관의 신'이라고 불릴 만한 인물인데, 산책 에피소드가 유명합니다. 칸트는 매일 오후 3시 반이 되면 반드시 산책을 했습니다. 시간이 지나치게 정확해서 동네 사람들이 칸트를 보고 시계를 맞출 정도였다고 합니다. 칸트는 평생 독신으로 지냈고 계속 고향인 쾨니히스베르크에서 살면서, 몇 시간만 가면 닿을 수 있는 바다조차 한 번도 본 적이 없었습니다.

괴짜 천재처럼 보이지만, 실제로는 사교적인 면이 있어 대화에도 능숙했습니다. 식사는 하루에 딱 한 번만 했지만, 동료만이 아니라 다양한 동네 사람들과 소소한 수다를 즐겼습니다. 칸트는 "혼자서 식사하는 것은 철학을 하는 사람에게는 건강에 해롭다"고 말했습니다. 사람과 대화하는 일이 그의 머리를 쉬게 해준 것입니다.

습관에도 변화가 필요할까?

미국에는 수천 킬로미터의 트레일(자연 산책길, 등산길)을 며칠씩 걷는 문화가 있는데, 몇 개월을 매일 걷다 보면 여행이 아니라 일상이 된다고 합니다. 대자연 속에서 하는 도보 여행이라는 비일상조차도 점점 일상적인 풍경이 되어버리는 것입니다. 여행도 익숙해져 버리니 습관에 질리지 않도록 적당한 변화는 반드시 필요합니다.

　습관의 보상을 실감할 수 있을 때까지, 습관이 자리를 잡을 때까지는 가능한 한 매일 하는 편이 좋습니다. 그러나 습관이란 무엇보다도 꾸준함을 최우선으로 하는 행위입니다. 그래서 습관 자체에 싫증이 나지 않도록 때때로 변화를 주고 휴식도 취합니다. 제 경우로 말하자면 일주일에 하루는 휴식을 취하거나 어딘가로 여행을 가고 있습니다.

STEP 41

'목적'과 '목표'를
혼동하지 않는다

성공은 결과지, 목적이 아니다.

● **귀스타브 플로베르**

밥 슈워츠Bob Schwartz의 《다이어트 절대 하지 마라Diets Don't Work》
에 따르면 다이어트에 성공하는 사람은 200명 중 10명뿐이고, 그 체
중을 계속 유지한 사람은 단 1명뿐이었다고 합니다. 이리저리 노력
해서 목표를 달성할 수는 있어도 유지하기는 어렵다는 것입니다.

　그것은 다이어트를 일정 기간의 인내를 통해 '목표' 체중을 달성
하는 일이라고 생각하는 사람이 많기 때문입니다. 목표를 달성하면
만족과 동시에 마음이 느슨해집니다. 그러다 보면 어느새 원래 체중
으로 돌아갑니다. 다이어트는 의사 면허나 사법시험처럼 한번 취득
하면 평생 쓸 수 있는 것이 아닙니다. 일회성 축제나 이벤트도 아닙
니다. 다이어트의 목적은 인내심 없이도 지속할 수 있는 '생활 방식'
을 찾는 데 있습니다.

목표만으로는 쉽게 지쳐버린다

운동선수가 올림픽과 같은 큰 대회를 경험한 후 우울증에 걸리는 POD Post Olympic Depression라는 사례가 보고되고 있습니다. 달을 탐사하는 아폴로 프로젝트Apollo Project에 참가했던 우주 비행사 버즈 올드린Buzz Aldrin도 위대한 업적을 이룬 후 의기소침해졌다고 합니다.

프로게이머 우메하라 다이고 역시 자신의 목표는 계속 성장하는 것이지 대회의 우승이 아니라고 했습니다. 승리를 목표로 삼으면 지쳐서 계속할 수 없기 때문입니다. 플로베르의 말처럼 성공은 단지 결과일 뿐입니다.

슈왈제네거의 '마스터플랜'

목적, 목표, 지표 등은 말이 비슷해서 써놓고도 헷갈립니다. 아놀드 슈왈제네거가 목적의 의미로 사용한 것은 마스터플랜Master plan이라는 단어입니다. 이 단어가 더 와 닿는 사람도 있을 것입니다. 아놀드 슈왈제네거는 "마스터플랜이라는 큰 목적을 위해 오늘 내가 할 수 있는 일은 무엇인가?"라고 계속 자문했다고 합니다.

제가 마라톤 기록을 정한 것도 어디까지나 목표일 뿐입니다. 3시간 30분 안에 완주하겠다는 목표가 있으면 매일 제대로 달리고자 하는 마음을 지속할 수 있습니다. 하지만 제가 달리는 목적은 '건강한 심신을 유지하는 것'입니다. 또한 저에게는 책을 내는 일도 목표이고, 그 목적은 호기심을 계속 채우는 것에 있습니다.

STEP 42

일단 눈앞의 목표만 본다

볼링을 할 때 높은 점수를 받으려면 핀을 향해서 던지는 게 아니라 가까이에 있는 삼각 표시(스폿)를 향해 공을 던져야 합니다. 어떤 행동을 습관으로 만들고 싶을 때도 이를 명심해야 합니다. 그 이유는 무엇일까요?

[나쁜 습관을 버리지 못하는 이유]

동전 1개를 모을 수 있어야 목돈도 모은다

사람은 무언가 목표를 향해서 노력하다 보면 달성하기까지 기울여야 하는 '노력의 총량'을 따져보게 됩니다. 100만 엔을 모으기 위해서는 10엔, 100엔을 끈기 있게 모아야 합니다. 그러나 이미 100만 엔을 가진 사람을 보면, 자신이 지금 모으려고 하는 10엔이나 100엔이 의미 없게 느껴집니다.

외국에서 살다 와서 영어를 유창하게 하는 친구를 보면 부모님이나 가정환경이 원망스럽고, 눈앞에 있는 영어 단어 하나를 외우는 일이 한심하게 느껴집니다. SNS를 보면 매일 대단한 프로젝트들이 새로이 시작되고, 내 앞을 달리는 사람들은 속도를 한층 더 올리고 있습니다. 그 수준까지 기울여야 하는 '노력의 총합'이 얼마나 될지를 생각해보면 의욕이 순식간에 사라집니다.

"남은 것은 그저 42킬로미터뿐"

이런 동전 1개의 문제를 해결하기 위해서는 눈앞의 목표에만 집중하는 자세가 필요합니다. 축구선수 미우라 가즈요시는 1967년생이지만 아직 현역인데, 처음부터 지금의 나이까지 뛰는 것을 목표로 삼았던 것은 아닙니다. 30세 때 이미 은퇴를 생각했지만, 그때부터 '2년만 더하고 그만두자', 또 '2년만 더…' 하다 보니 지금까지 선수로 뛰게 된 것입니다.

두 번째 마라톤 대회에 참가했을 때, 직전에 무릎을 다쳐서 몹시 괴로웠습니다. 20킬로미터 지점에서 '아직 절반도 못 왔다니', 30킬로미터 지점에서 '아직 10킬로미터나 남았다니' 하는 생각에 당장 주저앉고 싶었습니다. 그래서 후반부에는 '앞으로 딱 2킬로미터만 더 달리고 기권하자'고 마음먹었습니다. 그리고 그 2킬로미터가 지나면 다시 '2킬로미터만 더…'라고 생각하면서 달렸더니 결국 완주에 성공했습니다.

영화 〈핵소 고지〉는 제2차 세계대전 당시 오키나와 전투에서 75명이나 되는 부상병을 구한 단 1명의 의무병의 실화를 바탕으로 만들어졌습니다. 그 의무병은 자기 부대가 철수한 뒤에도 홀로 남아서 버려진 부상병을 계속 옮겼습니다. 총알이 날아드는 전장에서 그는 "하느님, 제발 제가 한 사람만 더 구하게 해주세요"라고 계속 빌었습니다.

자신이 과거에 쌓아올린 경험에서 용기를 얻기도 합니다. 마라톤 선수 다카하시 나오코가 마라톤 대회에 도전하면서 남긴 말이 상징적입니다. "지금까지 도대체 얼마나 달렸던가? 이제 겨우 42킬로미터밖에 남지 않았다."

반드시 '실패'가 필요하다

습관을 들이려면 가능한 한 많은 실패를 경험해봐야 합니다. 안타깝지만 이 책을 한 번 읽는다고 해서 습관이 만들어질 리는 없고 시행착오가 꼭 필요합니다. 자기계발이나 비즈니스 서적에 자주 등장하는 '어떻게 하면 성공할 수 있을까?'라는 질문의 답은 매우 간단합니다. 성공을 목표로 하지 말고, 최대한 빨리 그리고 가능한 한 많이 실패해보는 것입니다. 그 이유가 뭘까요?

제 친구는 실패를 하면 껄껄 웃어버린다고 합니다. 실패했다는 것은 실패하는 방법을 발견한 셈이고, 성공에 한 걸음 더 가까이 갔다는 증거이기 때문입니다. 실패한 것 자체는 실패가 아닙니다. 실패를 다음번에 교훈으로 삼지 못했을 때가 진정한 실패입니다. 잘못된 방법을 많이 발견하면 언젠가는 올바른 방법을 찾을 수 있습니다.

그런 의미에서 실패는 거의 성공이나 다름없습니다. 그저 알기 쉽게 그때그때 나타나는 결과로 구분해서 실패와 성공이라는 별개의 이름을 붙였을 뿐입니다.

누구나 헛된 실패는 하고 싶지 않을 것입니다. 그래서 누군가에게 가르침을 청하거나 어딘가에 비법이 있지 않을까 찾아 헤매기도 합니다. 그렇게 실패를 피하려고 해도 결국 실패를 피하지 못하는 경우가 많습니다. 확실히 실패하면 부끄럽기도 하고 보상을 얻지 못하고 손해를 보기도 합니다. 그래서 의욕을 잃고 지속하지 못하게 됩니다. 성공하는 사람은 실패해도 포기하지 않고 마지막까지 계속하는 사람입니다. 단지 그것뿐입니다.

실패를 모아두는 의미

습관이 되면 그것을 몸에 익히기 전에 상상했던 것보다도 훨씬 편하게 계속할 수 있습니다. 그러나 단순히 즐거움만 누리는 상태와는 다릅니다. 저 역시 아침에 졸릴 때도 있고, 출근하기 싫을 때도 있고, 달리기가 귀찮을 때도 있습니다. 그러나 실패를 기록으로 모아두면 그런 기분도 이겨낼 수 있습니다. 저는 아침에 일어나지 못하면 우울해집니다. 앞에서도 설명했듯이 일어나자마자 하는 요가나 명상 등을 못하기 때문입니다.

딱 한 잔만 마시려고 했다가 과음해서 다음 날 숙취로 하루를 무의미하게 보내버리고 후회한 적도 많았습니다. 저는 그런 일을 몇 번이나 반복했고, 그때마다 기록했습니다. 지금 생각해보면 그것은 제게 꼭 필요한 실패였습니다. 한두 번의 실패는 벌칙이 아닙니다. 앞에서 밝혔듯이 내일의 나는 지금의 나와는 다른 행동을 할 수 있는 슈퍼맨처럼 보입니다. 여러 번 실패를 거듭하면서 그 환상을 손에서 놓아버리는 지점부터 비로소 모든 것이 시작됩니다.

실패와 자기부정을 구분한다

왜 자신을 탓하는가?
필요할 때 누군가 제대로 비난해줄 것이다.
• 알베르트 아인슈타인

중요한 것은 실패했다고 해서 낙담하지 않는 것입니다. 슬픈 상상을 한 아이는 마시멜로 실험에서 기다리지 못했다는 점을 기억합시다. 우울해지면 나중에 보상을 얻기가 더 어려워집니다. 악순환의 덫에 빠지지 말아야 합니다.

사람에게는 부정적인 일일수록 크게 평가하는 '부정 편향negativity bias'이라는 특징이 있습니다. 그래서 실패한 습관이 하나 있으면 무의식중에 계속 그것에 집중하게 됩니다. 그럴 때는 성공한 습관으로 눈을 돌리는 것이 중요합니다.

작가 야마구치 세이코는 집이 어질러져 있을 때 어질러진 방을 보고 우울해하기보다 '지금 나는 청소조차 할 수 없을 정도로 열심히 살고 있다!'고 자신을 칭찬합니다. 실패했다면 시도한 방법이 잘못됐기 때문이지, 당신이 잘못한 것이 아닙니다. 아인슈타인의 말처럼, 자신을 탓하는 것은 다른 사람에게 비난을 받고 나서라도 늦지 않습니다.

STEP 44

바로 100점을 매긴다

매일 하는 습관에서 중요한 것은 자신이 한 일에 곧바로 100점을 주는 일입니다. 거기서부터 가산법으로 점수를 더해갑니다. 목표하는 모든 습관을 달성하고서야 100점을 준다면 자책할 기회를 많이 만들게 되어 좋을 것이 없습니다.

요즘 저로 말하자면, 아침에 일어나서 어머니와 먹을 2인분의 아침밥을 만들었다면 이미 100점입니다. '이런 효자가 세상에 어디 있나?'라고 스스로 뿌듯함을 느낍니다. 나머지 점수는 덤입니다. 영어를 공부하면 120점이고, 달리기를 하면 150점입니다. '대단하다', '너무 대견하다'고 스스로 치켜세웁니다.

습관을 확실히 지켰을 때도 마찬가지입니다. 매일 습관을 계속해도 눈에 띄게 성장이 없는 경우가 종종 있습니다. 그러다 보면 '역시 나는 재능이 없구나'라는 생각이 들기도 합니다.

영국의 화가 데이비드 호크니 David Hockney는 "자신에게 진지해지지 말고, 작품에 진지해져라"라고 말했습니다. 비록 작품의 완성도가 좋지 않더라도 그것을 작가인 자신과 동일시하지 말라는 뜻입니다. 완성된 작품과 자기 자신을 분리해야 합니다. 사카구치 교혜는 《자신의 약을 만든다》에서 작품에 대한 부정은 얼마든지 해도 된다고 말했습니다. 그것이 다음 작품을 만들게 해주기 때문입니다. '아니, 이러면 안 되지. 다음 작품을 만들자'고 생각하는 것이 중요하다고 했습니다.

습관의 성과도 대수롭지 않을 수 있습니다. 그래도 습관 때문에 기죽지 마세요. 신경 쓰지 말고 또 다음 습관에 손을 뻗으면 됩니다.

며칠이면 습관이 될까?

어느 정도 지속해야 드디어 습관이 되었다고 말할 수 있을까요? 이 문제는 누구나 한 번쯤 궁금했을 것입니다. 이 질문에 대한 유명한 대답으로 '21일이면 습관이 된다'는 말도 있습니다. 그러나 이것은 사지를 절단한 환자가 그 상태에 익숙해질 때까지 21일이 걸렸다는 에피소드에서 나온 것입니다.

어떤 일이 습관으로 자리 잡는다는 것은 보상을 감지하는 뇌의 신경 회로가 실제로 변화하는 일입니다. 그런 복잡한 일이 정해진 기간 안에 이루어진다는 발상이 애초에 이상합니다. 한 논문에서는 물을 마시거나 스쾃을 하는 행위가 습관이 될 때까지 걸리는 기간은 평균 66일이라고 주장했습니다. 그러나 이것은 18일부터 254일까지의 설문 결과를 평균 낸 것으로, 폭이 지나치게 넓어 그다지 신뢰가 가지 않습니다.

　새로운 습관을 만들 때는 '며칠이면 가능하다'는 식으로, 그 기간에 전전긍긍하지 않는 편이 좋습니다. 가령 '30일 스쾃 챌린지'라고 기간을 정해 도전하면 의미는 있겠지만, 중요한 것은 '목표'가 아니라 챌린지가 끝난 31일째에도 스쾃을 지속하는 것입니다. 그 챌린지를 '인내'라고 생각하면 언젠가 무너지고 맙니다.

습관이 되면 스스로 알 수 있다

며칠 만에 습관이 될까요? 이 문제에 답은 없습니다. 그러나 확실히 말할 수 있는 것은 습관이 자리를 잡으면 스스로 깨달을 수 있다는 것입니다. 제가 습관이 되었다고 실감했을 때를 예로 들어보겠습니다. 헬스장에 10년 가까이 다녔지만 일주일에 1번이나 바쁘면 한 달에 1번만 간 적도 있습니다. 그러다가 매일 가게 된 지 5일째 되던 날, 그날은 헬스장이 쉬는 날이었습니다. 예전 같으면 '휴무라니 다행이다'라고 생각했을 것입니다. 그러나 그때 저는 저도 모르게 '뭐야, 휴관이야? 아쉽다' 하는 생각이 들었고 스스로 깜짝 놀랐습니다. 그때 제 머릿속에서 운동은 '가끔 해야 하지만 괴로운 것'에서 '기분 좋은 것', '끝나고 나면 성취감을 느낄 수 있는 것'으로 다시 정의되기 시작했습니다.

단것을 끊었다는 증거

버리고 싶은 습관이 사라진 것도 감지할 수 있습니다. 단것을 끊고 3주가 지난 어느 날, 저는 빵집에 진열된 폭신폭신한 크림빵과 생크림과 팥소가 가득 든 빵을 보고도 아무 생각이 없어진 제 자신을 발견했습니다. 배가 고팠지만 과도한 단맛이 떠올라 오히려 속이 안 좋은 느낌마저 들었습니다. 단것을 좋아하지 않는 사람이 너무 다디단 과자를 먹었을 때의 그런 느낌이었습니다.

예전 같았으면 '먹고 싶어! 아니, 안 돼! 참아야 돼'라고 의지력이 필요했을 시점입니다. 그러나 단것을 원하는 신경 회로는 잠든 것 같고, 그러면 처음부터 유혹을 받지 않으니 '거절하고 있다'는 감각조차 없어집니다. 이것이 바로 단것을 먹는 습관이 완전히 사라졌다는 증거입니다.

'정답처럼 살고 있다'라는 말이 있는데, 그 말이 딱 맞는 순간이었습니다. 습관이 되려면 며칠이 걸릴지는 알 수 없습니다. 그러나 그 답을 알았을 때는 이미 그렇게 살고 있는 것입니다.

의식하지 않을 때 습관은 비로소 완성된다

미니멀리스트의 완성은 '나는 미니멀리즘을 실천하고 있다'는 것을 의식하지 않게 되었을 때가 아닌가 싶습니다. 무의식적인 행동에 미니멀리즘이 깃들어 있는 상태가 목표인 것입니다.

습관도 마찬가지로 습관 자체를 의식하지 않았을 때가 진정한 습관이 완성된 상태 아닐까요? 헬스장에 가는 것은 5일 만에 효과가 나타나기 시작했지만, 그때는 당연히 아직 계속해야 한다는 의식이 있었습니다. 지금은 꾸준히 하기 위해 별다른 노력을 기울이지도 않고, 그냥 계속하고 있다는 느낌입니다.

제가 달성한 습관을 SNS에 올려서 남들이 알아주길 바라는 마음도 없습니다. '오늘도 10킬로미터 달리기 달성!'이라고 해도 저에겐 이미 당연한 일이기 때문입니다. 오늘은 헬스장에 가고 싶지 않다는 생각이 떠오를 때도 있지만 어느새 그냥 발길이 향하고 있습니다.

습관이 무너질까 봐 걱정하고 있다면 아직 몸에 배지 않은 상태이기 때문입니다. 습관을 지속할 수 없는 일이 생겨도 이 정도의 일로 그만둘 수 없다는 자신감이 생겼을 때, 양치질과 마찬가지로 하지 않으면 더 기분이 나쁠 때, 그리고 습관이라는 의식조차 없이 계속하고 있을 때가 진정한 습관이 완성된 시점입니다.

하지 않는 것보다 하는 편이 낫다

무라카미 하루키가 쓴 《달리기를 말할 때 내가 하고 싶은 이야기》(문학사상, 2009)에서 올림픽 육상선수인 세코 도시히코와 인터뷰한 에피소드가 있습니다.

"세코 선수 정도의 마라토너도 '오늘은 어쩐지 달리고 싶지 않다', '아, 싫다. 이대로 계속 자고 싶다'고 생각한 적이 있습니까?"라고 질문하자 세코 선수는 말 그대로 눈을 동그랗게 떴습니다. 그리고 '이게 무슨 바보 같은 질문이야'라는 목소리로 "당연하지 않나요? 언제나 그래요!"라고 말했습니다.

하루키는 세코 선수의 입으로 직접 그 대답을 듣고 싶었습니다. 비록 근력이나 운동량, 동기부여의 수준이 하늘과 땅만큼 다르다고 해도, 아침 일찍 일어나서 러닝화의 끈을 묶을 때 그가 자신과 같은 생각을 한 적이 있는지 궁금했습니다. 그리고 그 대답은 하루키의 마음에 깊은 안도감을 심어주었습니다. 아, 역시 사람은 모두 똑같구나, 라고.

20년 이상 거의 매일 달리기를 계속하고 있는 하루키도 달리고 싶지 않을 때가 있습니다. 하루키가 세코 선수의 말에 안심했듯이 저도 하루키의 말에 안심했습니다.

습관은 거의 생각하지 않고 하는 행동이지만, 항상 생각하지 않고 선택하거나, 갈등이 전혀 없는 것도 아닙니다. 습관이라면 갈등이 생겨도 대개는 기꺼이 하게 되지만, 오늘은 정말 내키지 않는다거나 하기 싫다고 느낄 때도 인간이기에 반드시 있습니다. 나쁜 습관을 버리는 것도, 좋은 습관을 새로 들이는 것도, 지속하다 보면 고통이 찾아옵니다. 그러나 하지 않고 후회하는 것보다 하는 편이 훨씬 나았습니다. 그런 실패를 모아두면 습관의 보상이 더 커집니다. 하지 않으면 어차피 똑같이 후회하고 자기부정감만 생길 것입니다. 그러니 조금이라도 낫다고 생각하는 쪽을 선택합시다.

STEP 47

조금씩 난이도를
높인다

습관을 계속하다 보면 그 자체로도 지겨워질 수 있습니다. 예를 들어 아침 일찍 일어나서 요가를 하거나 운동을 하면서 느끼는 성취감이나 상쾌함이 매일 계속하다 보면 어느 순간에는 옅어지는 느낌이 들기도 합니다.

지나치게 어려운 수준으로 습관을 설정하면 뇌가 괴로운 일이라고 인식해서 지속할 수가 없고, 지나치게 쉬워도 만족감이 없어 문제입니다. 적당히 부하가 걸려야 스트레스 호르몬인 코르티솔이 적절히 분비되어 만족감도 생기는 법. 스트레스가 없으면 기쁨도 없습니다.

헬스장 트레이너에게 언제 근력 운동의 강도를 올리면 좋은지 질문한 적이 있는데, '들어 올리는 무게가 가벼워질 때'라고 했습니다.

264

자동차 운전도 언젠가는 무의식적으로 콧노래를 부르며 하게 됩니다. 달리기도 예전에는 숨이 차서 부담스러운 속도였는데, 어느새 다른 생각을 생각하면서 달리게 됩니다. 어려웠던 일이 간단해지고 보람이 느껴지지 않는다면 그때가 난이도를 조절해야 할 신호입니다.

심리학자 미하이 칙센트미하이 Mihaly Csikszentmihalyi는 사람이 시간을 잊을 정도로 무언가에 열중해서 성취감을 느끼는 상태를 '몰입 Flow'이라고 했습니다. 지나치게 어렵지도, 쉽지도 않은 적절한 난이도에 도전할 때 우리는 몰입할 수 있습니다. 이 책을 쓸 때도 논리적으로 잘 이어지지 않거나 전문적이고 복잡한 내용을 쓸 때 집중력이 금세 흐트러집니다. 반대로 제가 실제로 경험해서 잘 아는 내용은 시간을 잊어버릴 정도로 몰입할 수 있습니다.

눈치채지 못할 정도로 자연스럽게

물론 갑자기 한꺼번에 난이도를 올리면 지속할 수가 없습니다. 그래서 조금씩 수준을 올려가는 것이 좋습니다. 아침에 1시간 일찍 일어나고 싶다면 알람을 매일 5분씩 빠르게 합니다. 어제보다 1시간 일찍 일어나는 것은 어려워도 5분이라면 그리 어렵지 않습니다. 매일 5분씩 일찍 일어나기를 12일 동안 지속하면 1시간을 당길 수 있습니다.

저도 러닝머신에서 달릴 때 1분씩 시간을 늘리거나 시속 0.1킬로 미터씩 속도를 높이기도 합니다. 이렇게 수준을 조금씩 올리면 좌절하지 않고 성장해갈 수 있습니다.

단순 반복은 무의미하다

스즈키 이치로는 타구 하나마다 과제를 정했다고 합니다. 그래서 안타를 쳤다고 해도 자신이 세운 과제를 달성하지 못하면 만족하지 않았습니다.

프로게이머 우메하라 다이고도 "생각하는 것을 포기하고, 단지 시간과 횟수만 채우는 것은 노력이 아니다. 그것은 어떤 의미에서 편하다고 할 수 있다"고 말했습니다. 연습의 효과는 단순히 시간을 길게 한다고 해서 얻어지는 게 아닙니다. 농구 슛으로 치면, 그저 많이 던지기보다 한 번 던질 때마다 거리는 어떤지, 좌우로 어떻게 흔들렸는지, 손목의 회전은 어떠했는지 등을 의식하고 미세하게 조정해나가야 합니다. 이처럼 가설을 세우면서 수정을 거듭하는 것을 '의도적인 연습'이라고 부릅니다.

어떤 일이 습관이 되어 쉬워지면 같은 난이도로 무미건조하게 반복하기도 합니다. 그러나 도파민은 새로움을 느낄 때 나오고 뉴런의 결합은 쾌적한 영역을 넘었을 때 생겨난다고 합니다. 그래서 항상 같은 습관만 반복하면 성장에 필요한 자극을 얻지 못합니다. 요가를 할 때 고통스러워도 평소보다 다리를 더 뻗어야 성장할 수 있습니다. 일을 그만두고 싶은 지점에서 한 번 더 참고 버텨보는 것이 성장으로 이어집니다. 충분히 노력했다고 생각한 지점에서 딱 한 걸음만 앞으로 나아가보면 이전에는 전혀 몰랐던 성장의 가능성이 나타납니다.

시련의 계곡을
극복하라

아무리 습관이 몸에 배었다고 해도 도무지 마음이 내키지 않을 때가 있습니다. 그럴 때는 어떻게 해야 할까요? 정답은 '형식만이라도 유지하는 것'입니다. 스티븐 기즈는 습관이 되었다고 해도 결코 목표를 높게 잡지 말라고 권합니다. 팔굽혀펴기를 100번 할 수 있게 되었다고 해도 목표는 1번으로 유지해도 됩니다. 일기나 블로그를 쓰는 일이 습관이 되어 매일 1,000자씩 쓸 수 있어도 처음 시작했을 때처럼 목표는 변함없이 100자면 충분합니다. 그러면 도무지 기분이 내키지 않는 때도 팔굽혀펴기 1번, 100자만 쓰면 됩니다.

여러 번 강조했듯이, 의지력을 갉아먹는 것은 자기부정감입니다. 오늘은 손도 대지 못했다, 목표를 달성하지 못했다는 자책감과 자기부정은 다음번 실행을 방해합니다. 그러니 형식만이라도 유지하면서 자신을 부정하지 않는 것이 중요합니다. 설령 오늘은 해낸 일이 작더라도 꾸준히 지속해나가면 됩니다.

성장이 아니라
자기긍정감이 보상이다

성취에 대한 보상은 훌륭하게 해냈다는 것이다.

● 랠프 월도 에머슨

습관을 지속하더라도 성장했다는 실감은 자주 찾아오지 않습니다. 그래서 성공을 보상으로 여기거나 성장을 동기로 여기면 계속하기가 어렵습니다. 요가를 예로 들어볼까요. 처음 2주 정도 요가를 하니 바로 신체가 유연해져서 기분 좋게 지속할 수 있었습니다. 그러나 조금 지나자 매일 해도 그 이상으로 몸 상태가 바뀌지는 않습니다. 성장을 느꼈다고 해도 '오늘은 평소보다 발목이 잘 돌아가나?' 하는 정도로 매우 소소합니다. 한 달 만에 다리를 찢을 수 있다는 방법을 반년 이상 지속해보았지만, 지금도 전혀 안 됩니다.

'성장'을 보상으로 여기면 이럴 때 포기하고 싶어집니다. 그렇게 며칠 동안 요가를 하지 않으면 몸은 금세 굳어지고 무자비한 느낌마저 듭니다. 영어도 그렇습니다. '좀 잘 들리네', '무슨 말인지 알겠어!' 싶은 날도 찾아오지만, 대개는 성장을 느낄 수 없는 길고 긴 층계참에 놓여 있습니다. 성장은 정체기와 성장기를 함께 겪습니다. 직선으로 우상향하는 게 아니라 계단처럼 내려갔다가 올라갔다가 하며 비뚤비뚤한 선을 그립니다. 그래서 성장을 보상으로 삼으면 후퇴했을 때 즉시 그만두고 싶어집니다.

지속하기 위해서는 성장이 아니라 행위 자체에서 보상을 찾아야 합니다. 오늘도 습관을 지속했다는 자기긍정감을 보상으로 하는 일이 정말로 중요합니다.

도무지 성장하는 기미가 보이지 않을 때는 번데기의 모습을 상상해보세요. 번데기의 겉모습은 늘 똑같습니다. 그러나 내부에서는 착실하게 다음 단계를 준비하고 있습니다. 성장의 기쁨은 실적이 나쁜 회사의 상여금 같은 것입니다. 가끔 받으면 운이 좋다고 생각하는 정도가 좋습니다.

하면 할수록 높아지는
자기효능감

이것으로 성공은 틀림없다.

● 마크 트웨인

STEP 17에서 단계별로 조금씩 뱀 공포증을 극복하는 방법을 소개했습니다. 그런데 그 실험에서 뱀에 대한 공포를 극복한 사람은 흥미롭게도 다른 것에 느끼는 불안도 줄어들었습니다. 무언가에 열심히 몰두하고, 실패에 직면해도 쉽게 주저앉지 않게 되었습니다. 앨버트 반두라는 이것을 '자기효능감'이라고 부릅니다.

자기효능감은 간단히 말해 '나는 할 수 있다!'라고 생각하는 일입니다. 나는 배우고, 성장하고, 달라질 수 있다, 그렇게 해서 새로운 난관을 극복할 수 있다는 믿음입니다.

저는 술을 끊은 후에 단것도 끊었는데, 그때 이렇게 생각했습니다. '술을 끊었으니까 단것도 끊을 수 있을 거야!' 이렇게 무언가에 성공하면 다음 성공도 어렵지 않게 느껴집니다. 마시멜로를 기다려서 2개 받은 아이들은 4, 5세가 되기 전에 이미 어떤 과제를 극복해 내서 칭찬받은 경험이 더 많았는지도 모릅니다.

반대로 '나는 못해', '나는 무엇을 해도 실패할 거야'라고 생각하면 최대한 빨리 포기하는 편이 합리적인 판단입니다. 어차피 이번에도 안 될 거라고 생각하면 갈등은 시간 낭비일 뿐입니다. 그래서 눈앞의 마시멜로를 조금이라도 참아보려고 하지 않고 나오자마자 먹어버리자고 판단하는 것입니다.

월터 미셸은 이렇게 말했습니다. "성공에 대한 기대가 큰 아이는 새로운 과제를 받아도 이미 성공한 적이 있는 것처럼 자신감을 갖는다. 그들은 실패할 거라고 생각하지 않으므로 도전에 맞서기를 원하고, 실패의 위험을 기꺼이 무릅쓴다."

무언가를 시작할 때는 '일단 해보는 것'이 중요하다고 하는데, 일단 해보려면 지금까지 일단 해본 경험이 많아야 합니다. 실패를 두려워하지 않고, 더 많이 시도해보고 성공할수록 새로운 과제에 도전하기가 쉽다는 말입니다.

정리정돈부터 시작하자

마시멜로 실험에서 기다릴 줄 아는 아이는 추후에 시험 성적, 건강 상태 등 모든 면에서 좋은 결과를 얻었습니다. 그것은 바로 '나는 할 수 있다!'라는 자기효능감이 다양한 방향으로 퍼져나간 결과입니다.

저도 비슷한 경험을 했습니다. 방을 정리하는 일에서 시작해서 그것에 만족하지 않고, 제 삶을 다방면으로 향상시키고 싶었습니다. 일찍 일어나고, 헬스장에 꾸준히 다니게 되자 처음에는 굉장한 성취감이 있었기 때문에 그 이후로는 게으름을 피워도 만족감이 들었습니다. 이후로는 일찍 일어나거나 운동을 쉽게 할 수 있게 되자 더 부하가 걸리는 일을 원하게 되었습니다.

좋은 습관 하나가 몸에 붙으면 다른 습관도 익히고 싶어집니다. 한 가지 습관을 달성하여 자기효능감이 커지면 다른 좋은 습관도 더욱 만들기 쉬워지기 때문입니다. 그렇게 모든 면에서 선순환이 시작됩니다.

연쇄반응을
일으킨다

운동이 습관으로 자리 잡고 한참이 지났습니다. 시골로 이사한 뒤로 제 발로 뛰거나 자동차를 타고 다니는 일이 많아졌습니다. 그래서 오랜만에 오래 걸었을 때, 스스로 놀랄 정도로 걸음이 힘차고 빨라진 것을 깨달았습니다. 다리와 허리가 단단하게 조여진 느낌이 있었습니다. 만화《드래곤볼》에서 수행의 무거운 갑옷을 벗은 손오공과 크리링처럼 몸이 가벼워졌습니다.

걸음이 느린 사람은 우울증에 걸릴 확률이 높고, 여러 신체 기능과 인지기능이 저하될 수도 있다고 합니다. 그런데 원인과 결과가 바뀐 것 아닐까요? 몸이 가볍고 의욕이 있으면 씩씩하게 걸을 수 있지 않을까요?

신체를 단련하기 시작하면 일상은 정말 편해집니다. 계단을 오를 때 거의 힘이 들지 않고 몸이 한결 가벼워서 굳이 혼잡한 에스컬레이터를 탈 필요가 없습니다. 숨이 차지도 않습니다. 그렇게 몸은 더욱 튼튼해집니다.

이미 몸에 익은 습관이 보상이 된다

새로운 습관을 만들기 시작한 시기에는 차이가 있기 때문에 여러 가지를 하다 보면 어떤 것은 이미 난이도가 낮아져 더 빨리 즐거움을 느끼게 되기도 합니다. 예를 들어 저에게는 일기 쓰기가 그랬습니다. 일기를 쓰는 것은 더 이상 괴롭지 않습니다. 부정적인 기분도 일기에 쏟아내면 바로 사라집니다. 저에게 일기 쓰기는 기분 전환이자 보상입니다.

달리기도 마찬가지입니다. 이전에는 '달리기를 하고 나서 맛있는 음식을 먹어야지'라고 생각했는데, 어느새 '이 일이 끝나면 얼른 달리기를 하러 가자'라고 생각하는 저를 발견했습니다. 예전에는 과제였던 습관이 어느새 저에게 빼놓을 수 없는 보상으로 뒤바뀐 것입니다.

나쁜 습관이 필요 없어진다

스트레스를 받아도 일기를 쓰고 나면 기분이 가벼워집니다. 기분이 안 좋을 때도 달리기를 하면 확실히 기분이 다릅니다. 그러면 스트레스를 해소하기 위해 해왔던 폭음과 폭식, 충동구매 등이 필요 없어집니다. 이렇게 습관의 선순환이 이어지는 것입니다. 그 모습이 다른 사람에게는 "저 사람은 자제력이 강해", "의지가 대단하네"라는 식으로 보일 뿐입니다.

습관에는
응용력이 있다

우리의 생활은 '습관의 집합'에 지나지 않는다.

● 윌리엄 제임스

이 책에서 살펴본 것과 같이 습관을 익히기 위한 사고방식은 다양한 상황에서 도움이 됩니다. 예를 들어 저는 빨리 먹는 버릇이 있어서 고치고 싶었지만 좀처럼 고쳐지지 않았습니다. 특히 여성과 함께 밥을 먹는 자리에서는 의식하지 않으면 상당히 차이가 생겼습니다.

식욕을 억제하기 위해서는 천천히 먹어야 하고, 그러면 소화도 더잘될 것입니다. 천천히 먹는 일이 좋다는 것은 알고 있었지만 그래도 실천은 쉽지 않았습니다. 습관에 필요한 벌칙과 보상을 응용하기로 했습니다. 그래서 '점심 도시락을 먹는 동안에만 휴식한다'는 규칙을 만들어보았습니다. 도시락을 빨리 먹어버리면 그만큼 휴식 시간이 줄어드는 '벌칙'이면서, 반대로 천천히 먹으면 그동안은 안정적으로 휴식할 수 있는 '보상'이기도 합니다. 이 규칙은 절대적이지는 않았지만 어느 정도 효과를 발휘했습니다.

미국에서 실행한 조사에 따르면 처방받은 약을 복용하지 않은 성인의 비율이 55퍼센트나 된다고 합니다. 약효가 있다는 보상을 본인이 알아차리기는 어렵습니다. 그래서 습관이 되기 어렵고 잘 잊어버립니다. 약을 잊지 않고 먹으려면 앞에서도 밝혔듯이 매일 하는 행동을 신호로 삼는 것이 바람직합니다. 매일 헤어드라이어를 쓰거나 양치질을 할 때 그 옆에 약을 놓아두기만 해도 잊지 않고 챙겨 먹을 수 있습니다.

식습관, 돈 습관

저에게는 식사도 습관입니다. 세끼를 손수 짓고, 메뉴는 거의 바뀌지 않으며, 3, 4일마다 한 번씩 마트에 가서 같은 물건을 사서 같은 방식으로 요리하는 행동을 반복하고 있습니다. 이렇게 하면 매일 먹는 양도 비슷해지기 때문에 실수로 너무 많이 요리해서 아까운 마음에 과식하는 일이 없습니다. 맛있는 외식도 물론 즐거운 일이지만, 안정된 식생활은 쉽게 살이 찌지 않는다는 장점도 있습니다.

예를 들어 돈처럼 중요한 문제에도 습관을 활용할 수 있습니다. 일본인들의 저축 성향에 비하면, 상대적으로 미국인들의 저축은 매우 적어 보입니다. 미국 성인 7,000명을 대상으로 한 조사에 따르면

1,000달러 이하로 저축한 비율이 69퍼센트였다고 합니다. 대다수의 미국인들은 65세가 되면 자신의 적은 저축액에 충격을 받는다고 합니다. 노후를 위해 눈앞의 즐거움을 참지 못한 사람이 많다는 뜻이 겠습니다.

이런 때는 장벽을 높이거나 낮춤으로써 행동을 제어할 수 있습니다. 한 대기업에서 입사 1년 후에 퇴직연금 제도에 가입한 사람의 비율을 살펴보았습니다. 가입이 선택인 경우는 40퍼센트였지만, 자동으로 가입되거나 탈퇴를 위해 특별한 절차가 필요한 경우에는 90퍼센트로 올라갔다고 합니다. 가입의 문턱을 낮추고 탈퇴의 문턱을 높이기만 해도 노후 자금 같은 커다란 문제를 개선할 수 있습니다.

습관을 인간관계에도 적용한다

인간관계에도 습관을 적용시킬 수 있습니다. 다 떨어져 가는 두루마리 휴지를 보면(신호), 다음 사람에게 미루지 않고 내가 직접 교체하고(루틴), 자신이 집안일을 제대로 처리했다고 느낍니다(보상). 이런 습관이 생기면 부부가 쓸데없는 싸움도 하지 않을 것입니다.

날짜를 정해서 실천하는 요령도 사실은 여러모로 효과적입니다. 저는 벌써 15년 넘게 중학교 동창회에 나가고 있는데, 날짜를 매년 12월 30일로 정해놓았기 때문입니다. 해마다 같은 날에 열리는 것을 알고 있으니 미리 일정을 맞춰놓을 수 있어서 참석률이 높습니다.

친구 관계에도 적용이 가능합니다. 저에게는 가장 친한 친구가 3명이 있는데, 각자의 생일에만 만납니다. 날짜가 확실히 정해져 있으니 만나기 편하고 오랫동안 습관을 지키고 있습니다.

성가신 상대에 대한 대처법으로도 사용할 수 있습니다. 받기 싫은 연락이 계속 와도 정 때문에 단호하게 끊지 못하고 나름대로 답장을 해주는 경우도 있습니다. 그러나 그러면 상대방도 보상을 기대하며 습관처럼 연락을 해올 것입니다. 때로는 단호하게 거절할 필요가 있습니다.

STEP 52

나만의 습관을 만든다

스즈키 이치로는 예전에 했던 훈련에 대해 이렇게 회고합니다.

"오릭스 합숙소에서 보냈던 18세에서 20세 시절에는 새벽 2, 3시까지 수백 개씩 공을 쳤다. 지금 돌이켜보면 합리적인 연습은 아니었다. 하지만 당시에 누군가가 소용없는 짓이라고 알려줘서 그 말을 듣고 그만두었다면, 지금 같은 생각을 했을까?"

이 책에서 전달하고 싶은 것도 마찬가지입니다. 제가 술을 끊으려고 한 것은 다른 사람이 알려준 술의 단점을 머리로 이해해서가 아니라, 술 때문에 후회한 경험이 산더미처럼 쌓이고 쌓였기 때문입니다. 그렇게까지 후회해본 적이 없는 사람이라면 술을 끊으려는 생각에 이르지 못할 것입니다. 제가 더 나은 습관을 만들어야겠다고 진지하게 생각한 것은 마음껏 마셔본 경험으로 그것이 괴롭다는 사실을 확실히 알았기 때문입니다. 그래서 제가 이 책에 쓴 것이 독자 여러분에게는 제 마음과 똑같이 전해지지 않을 수도 있습니다. 여러분이 스스로 실천과 실패를 반복하면서 독창적인 습관과 방법론을 익혔으면 좋겠습니다.

책으로 무언가를 배우려는 것은 실천하기 전에 종종 빠지기 쉬운 '함정'의 위치를 미리 알고 싶은 마음일 것입니다. 그러나 함정에 빠졌을 때의 고통은 빠져보지 않으면 알 수 없습니다. 그 고통이 있으므로 다음에는 함정에 빠지지 않으려고 애쓰게 됩니다. 이 책의 목적은 함정의 위치를 모두 미리 알려주려는 것이 아닙니다. 다만 아무리 주의해도 몇 번이나 빠지고 마는 비열한 함정에 대해 주의를 환기하고 싶을 뿐입니다.

맞춤형 습관 스타일을 만들자

저는 평생 스스로를 '야행성 인간'이라고 믿어왔는데, 습관 만들기를 통해 '아침형 인간'이 되었습니다. 그래서 하루를 기분 좋게 시작하게 되었습니다. 아마 웬만한 사람들에게는 통하는 일반성이 있다고 생각하기 때문에 관심이 있는 사람에게는 추천하고 싶습니다.

그러나 예를 들어 일간신문에 4컷 만화 〈고보짱〉을 오랫동안 연재해온 우에다 마사시의 생활 방식은 전혀 다릅니다. 그는 새벽 3시

반에 잠을 자고, 아침 10시 반에 일어납니다. 매일 오토바이 택배가 원고를 받으러 오후 3시 반에 오는데, 그 마감 시간을 거꾸로 계산해서 따져보면 아침 10시 반에 일어나는 것이 가장 적당하기 때문입니다.

이렇게 자신에게 가장 적절하다는 감각이 중요합니다. 제가 실천하는 습관을 따라 해주는 사람이 있으면 분명 기쁘겠습니다. 그러나 우리는 각자 살고 있는 장소도, 나이도, 성별도 다릅니다. 씨름선수에게 다이어트를 권할 필요는 없습니다. 사람마다 처한 상황이 다르니 자신에게 딱 맞는 방법을 찾아내기 바랍니다.

그러나 상황은 다르지만 똑같이 필요한 일도 있습니다. 가령 기록이 그렇습니다. 어떤 상황(기분, 컨디션, 계절, 바쁜 정도)에서 자신의 습관이 지속되는지, 혹은 지속되지 않는지를 기록해야 합니다. 기록해두면 똑같이 곤란한 일에 부딪혔을 때 피하는 방법을 알 수 있습니다. 그런 것들을 이 책에서 발견하면 좋겠습니다. 모범적인 습관 따위는 없습니다. 중요한 것은 '스스로 생각하는 일'입니다.

다른 사람의 습관과
타협한다

다른 사람의 습관만큼 바꾸고 싶은 것은 없다.

● 마크 트웨인

코로나 바이러스의 여파로 잠시 고향집에서 지내게 되었습니다. 고향집에는 어머니가 혼자 살고 계시고, 이웃에 형 부부와 조카 3명이 살고 있습니다. 생각해보면 대학에 입학한 뒤로 20년이 넘게 혼자 살았기 때문에 누군가와 함께하는 생활은 신선한 경험이었습니다. 다만 혼자 살 때는 생활 방식을 뭐든지 스스로 결정했지만, 함께 살 때는 맞춰야 하는 부분이 있습니다.

어머니는 제가 고향집에서 지내기 전에는 늦게 주무시고, 아침에도 저절로 눈이 떠질 때 천천히 일어나는 생활을 하셨습니다. 제가 더 빨리 일어나기 때문에 아침밥을 만드는 것은 제 몫이 되었습니다. 너무 빠르지도, 너무 늦지도 않도록 아침 식사는 7시 반에 만들기로 했습니다. 어머니가 저에게 맞춰준 부분도 있습니다. 점심은 어머니가 만들어주셨고, 12시에 먹었습니다.

같이 사는 사람이 정해놓은 습관으로 지내다 보면 좋은 면도 있습니다. 점심은 시간에 맞춰서 제가 2층에서 1층으로 내려가서 먹습니다. 시간에 맞춰서 밥을 짓는 것이 부담스러울 수도 있지만, 일부러 내려오라고 부르지 않아도 되고, 제시간보다 조금 일찍 내려가 간단한 일을 거들기도 합니다. 음식이 다 만들어진 후에 부르면 이런 일이 불가능합니다.

저는 달리기를 하러 가는 시간이나 샤워나 목욕을 하는 시간도 정해져 있어서 어머니가 세탁 시간이나 목욕 시간을 정하는 것도 어렵지 않았습니다. 오전에 2시간 동안 수리, 밭일, 정원 가꾸기 등 집에 관련된 일을 하기로 했기 때문에 그 시간대에는 어머니가 부탁하는 집안일은 뭐든 돕기로 했습니다. 이렇게 한 사람이 습관적으로 행동하면 다른 사람의 행동 계획도 쉽게 세울 수 있다는 장점이 있습니다.

마크 트웨인의 말처럼 다른 사람의 습관은 바꾸고 싶어지는 법입니다. 상대방의 습관과 타협해야 한다고 해서 짜증을 내서는 안 됩니다. 짜증이라는 부정적인 감정에 빠지면 결국 자신의 습관에도 소홀해집니다. 그러기 위해서라도 습관은 약간의 변화에 대응할 수 있도록 빈틈이 있어야 합니다. 상대에게 맞출 수 있도록 유연성 있는 편이 좋습니다.

STEP 54

습관은 언젠가는
무너진다

습관은 놀라울 정도로 견고하면서
동시에 놀라울 정도로 연약하다.

• 그레첸 루빈

명상은 어디론가 날아가 버린 의식을 호흡으로 되찾는 일이지만, 애써 되찾아도 다시 어디론가 날아가 버립니다. 이에 대해 승려 고이케 류노스케는 "말 등에 올라타려고 하면 떨어지지만, 아무리 여러 번 떨어져도 다시 말 위에 올라타려고 하는 것과 같다"고 했습니다.

명상은 습관으로 만들고 싶은 것 중 하나인데, 이 표현이 습관 전체를 그대로 표현하는 것 같기도 합니다. 아무리 습관이 되어도 우리는 말 위에서 계속 떨어집니다. 습관은 언젠가는 무너지게 마련입니다. 중요한 것은 무너진 습관을 계속해서 다시 일으켜 세우는 일입니다.

'부활의 주문'을 기록해두기

여행지에서 평소와 다른 나날을 보내거나 몸이 아프면, 며칠 혹은 몇 주에 걸쳐 쌓아올린 습관도 무너질 수 있습니다. 습관이 자리 잡는 동안 어떤 흐름이 만들어졌는지를 세세하고 꼼꼼하게 기록해두면 이럴 때 참고할 수 있습니다. 앞에서 소개한 '시간표'가 이것에 해당합니다. 자신이 실천했던 방법을 기록해서 남겨두면 언제라도 그곳으로 돌아갈 수 있다는 자신감이 생깁니다.

사람은 자신이 했던 일도 종종 잊어버리지만, 기록하면 떠올릴 수 있습니다. 기록해둔 데서부터 다시 시작할 수 있습니다. 게임 〈드래곤 퀘스트 Ⅱ〉에서 저장된 데이터를 다시 불러올 때 사용했던 '부활의 주문', 우리도 그것을 직접 써서 남겨두는 셈입니다. 물론 이 부활의 주문으로 대처하지 못하는 일도 있습니다. 이사를 하거나 이직을 할 수도 있고, 결혼을 하거나 아이가 태어나면 환경과 함께 습관도 바뀔 수밖에 없습니다.

그러나 습관을 들이는 방법은 환경이 바뀌는 상황에서도 큰 도움이 됩니다. 아이를 위해 아침 일찍 일어나서 배웅을 해야 할 수도 있고, 키우기 시작한 강아지를 산책시키는 습관이 새로 필요할 수도 있습니다.

환경뿐 아니라 자기 자신도 조금씩 변해갑니다. 물론 세월도 흐르면서 말입니다. 굳이 생물학 책을 읽지 않아도 어제의 나와 오늘의 나는 조금씩 다릅니다. 그래서 그때그때 자신에게 알맞은 습관을 만들기 위해 계속 조절해야 합니다.

성취감에 신선함을 잃지 않기 위해

작가 니콜슨 베이커 Nicholson Baker 는 습관에 따라 일했지만, 새로운 작품을 작업할 때마다 조금 다른 방식을 시도했습니다. 예를 들면 이런 것입니다. "이제부터는 샌들을 신고 뒷마당 베란다에서 오후 4시부터 글을 쓰자."

이렇게 습관에 신선함을 유지했습니다. 제가 여기에 쓴 습관도 임시라고 할 수 있습니다. 싫증나지 않도록 변화시키고 조금씩 조정을 반복합니다. 습관을 바꾸는 일에 참고할 만한 것이 우메하라 다이고의 말입니다.

"자신을 변화시키는 요령은 그 방법으로 결과가 좋아질지 아닐지 생각하지 않는 것이다. 만약 나빠졌다면 그것을 깨달았을 때 다시 바꾸면 된다."

바꿔도 안 된다면 다시 바꾸면 됩니다. 습관을 지속한다는 것은 자신이 만들어낸 습관을 고집스럽게 지키는 일과는 다릅니다.

습관에 완성은 없다

산다는 것은 '어떻게 살아야 하는지'를 계속해서 배우는 일이다.

• 세네카

제가 미니멀리즘에 대해 한 가지 착각한 것은, 그것이 어느 시점에서 완성된다고 생각했던 것입니다. 불필요한 물건을 다 처분했을 때 '이제 물건에 대한 고민에서 벗어날 수 있겠구나'라고 생각했던 적이 있습니다.

스티브 잡스처럼 평생 입고 싶은 옷을 찾으면 편할 것 같았습니다. '평생 흰 셔츠만 입으면 되겠다. 고민할 것도 없고 엄청 편할 거야!'라고 생각한 적도 있었지만, 도쿄에서 시골로 이사하자 쉽게 더러워지는 흰 셔츠는 입을 일이 거의 없어졌습니다.

그리고 제 관심사에 따라서 새로운 물건이 필요해지기도 하고, 또 버리는 물건이 생기기도 합니다. 습관이 완성되지 않았기에 다른 기쁨이 생기거나 처분하는 기쁨도 느낄 수 있습니다. 현재는 새롭게

들이고 싶은 습관은 더 이상 없습니다. 그렇다고 해서 습관이 완성된 것은 아닙니다. 새로운 습관이 몸에 붙었다고 해도 더 어려운 과제에 도전하고 싶어지기 때문입니다.

습관이란 계속 습관을
익히려고 하는 일

사람의 마음은 아무런 과제가 없어도 억지로 과제를 만들어냅니다. 사람은 어떻게 보면 평화로운 생활 속에서도 무언가 불만이나 도전을 끊임없이 만들어내고, 그것을 극복하려 하는 슬픈 존재입니다. 그러나 그 과제를 극복하는 일 속에 보상이 있습니다. 과제는 끝이 없습니다. 그것은 오히려 기뻐해야 할 일이 아닐까요?

습관을 만드는 것은 습관을 완성시키는 일과는 다릅니다. 습관은 언젠가는 무너지고, 인간은 계속해서 변화를 추구하는 존재입니다.

그래서 습관에 완성은 없습니다. 습관이란 계속 습관으로 만들려고 노력하는 일이기 때문입니다. 그것은 점선처럼 끊어져 있지만, 그것을 따라가면 분명 하나의 선을 그릴 수 있습니다. 습관이란 그런 것입니다.

4장

우리는 습관으로
이루어져 있다

WE ARE MADE OF HABITS

습관에서 드러나는 '노력'의 정체

아버지가 기르던 고양이를 보며 자주 "너는 좋겠다"라고 말을 걸었던 기억이 납니다. 잠만 자면서 느긋하게 살아가는 고양이가 저 역시 부러울 때가 있습니다. 새는 태어나면서부터 노래를 하고, 배우지 않아도 구애의 춤을 추는데, 인간은 악기를 다루거나 춤을 배우기 위해 노력해야 합니다. 어째서 인간만이 노력을 해야 할까요?

저는 예전에 인생이 '고통 참기 대회' 같다고 생각했습니다. 노력이라는 고통을 참아낸 몇몇 사람만 승리해서 좋은 술에 취할 수 있습니다. 그러나 지금까지 습관에 대해 살펴본 바에 따르면, 아무래도 노력의 실체는 그런 것들과 전혀 다른 것 같습니다.

1장에서는 사람의 의지력이 어떤 경우에 생기고 약화되는지를,

2장에서는 남들이 보기에 고통스러워 보이는 행위 속에도 보상이 있다는 것을,

3장에서는 그 행위가 습관이 되기까지의 구체적인 방법과 사고방식을 자세히 살펴보았습니다.

습관에 대해 여기까지 알아봤다면 '노력'과 '재능'의 정체에 대한 단서도 함께 손에 넣었을 것입니다. 물론 그 모든 것을 명백하게 밝힐 수는 없겠지만, 큰 틀은 그릴 수 있지 않을까요? 그리고 그것은 일반적으로 생각하는 의미와는 좀 다를 것입니다.

'노력'은 고통스러운 일일까?

먼저 노력에 대해 생각해보겠습니다. '뼈를 깎는'이라는 수식어가 붙을 정도로 노력이라는 말에는 '고통을 참는다'는 뉘앙스가 따라다니는데, 정말 그럴까요?

예를 들어 이치로 선수는 어린 시절부터 누구보다도 열심히 연습했습니다. 초등학교 6학년 때 이미 작문 숙제에 '365일 중 360일은 혹독한 연습을 하고 있다'고 썼습니다. 오릭스 시절에는 다른 선수들이 20, 30분 동안 하는 타격 연습을 2, 3시간씩 했습니다. 당시 오기 아키라 감독은 이치로 선수가 연습하는 모습을 보고 "저렇게 연

습하면 잘 칠 수 있다. 보통 선수는 저런 연습을 할 수 없겠지만"이라고 말했습니다.

그는 메이저리그에서 뛸 때도 다른 선수가 쉬는 동안 홀로 구장에서 연습을 했습니다. 힘든 노력처럼 보이지만 그럼에도 항상 "노력은 하지 않았다"고 말했습니다.

"나는 좋아하는 일을 마음껏 하고 있을 뿐이다"

여러 번 말한 것처럼, 무라카미 하루키는 장편소설을 쓸 때는 매일 원고지 10장 분량의 글을 쓰고, 매일 1시간씩 달리기와 수영을 빼놓지 않았습니다. 하지만 그도 어느 인터뷰에서 이런 말을 했습니다. "요컨대 일이든, 일이 아니든 나는 좋아하는 일을 마음껏 하고 있을 뿐이다. 자제력이 강하다든가, 그런 것도 아니다. 싫은 일은 거의 하지 않으니까. 좋아하는 일에 약간 노력을 기울이는 정도, 그런 건 별거 아니다."

무시무시한 노력을 할 것처럼 보이는 사람이 노력을 하지 않는다거나 자신이 하고 있는 노력은 별거 아니라고 말합니다. 저는 줄곧 이런 말은 일류 선수나 작가가 아니고서는 할 수 없는 겸손이라고 생각했습니다. 물론 그 노력을 쉽다고 생각한 것은 아니지만, 이

제 그 의미가 조금은 이해됩니다. 혼란의 원인은 '노력'이라는 말이 2가지 의미로 사용되기 때문일 것입니다.

노력과 인내를 구분하자

노력이라는 말에 포함된 2가지 의미, 저는 이것을 본래의 노력과 인내로 나누어 생각합니다. 2가지는 다음과 같은 차이가 있습니다.

- 노력: 지불한 대가에 대한 정당한 보상이 확실한 것
- 인내: 지불한 대가에 대한 정당한 보상이 없는 것

우리 사회에서 특히 강요되는 것은 인내입니다. 예를 들어 회사에서 일하는 것은 월급이라는 보상을 받는 일입니다. 하지만 그 보상을 받기 위해 다양한 대가를 지불해야 합니다. 대표적으로 직장인이 지불하는 대가에는 '시간'이 있습니다. 그 외에도,

- 출근 시간이나 퇴근 시간을 스스로 정할 수 없다.
- 싫은 상사나 거래처, 고객을 응대해야 한다.
- 피곤하거나 육아 등으로 휴가를 내기 어렵다.
- 일에 재량권이 없고 시키는 대로 해야 한다.

등 회사마다 다른 형태로 지불하는 대가들이 있을 것입니다. 물론 일을 해서 받는 보상도 급여 외에 이러한 것들이 있습니다.

- 동료나 상사로부터 칭찬과 인정을 받는다.
- 팀원들과 함께 목표를 달성했을 때 일체감과 소속감을 느낀다.
- 자신의 업무가 누군가에게 도움이 된다는 생각에 뿌듯하다.

그러나 만약 매일 회사에 가고 싶지 않은데도 불구하고 출근하고 있다면 그것은 이미 인내 단계에 접어든 것입니다. 지불하는 대가에 대해 정당한 보상이 있으면 사람은 자발적으로 나아갑니다. 지불하는 대가가 보상보다 클 때 사람은 일하기 싫다고 생각합니다.

스스로 선택했는가?

노력과 인내는 받는 보상과 지불하는 대가 외에 '자발적 선택'이라는 기준으로도 나뉩니다. 앞에 나온 래디시 실험에서 무밖에 먹지 못했던 학생들은 의지력이 떨어진 것처럼 보였습니다. 그러나 누군가에게 금지당한 것이 아니라 스스로 무를 먹겠다고 선택했다면 의지력은 떨어지지 않았을 것입니다.

애초에 누군가에게 '이렇게 해서는 안 된다'고 금지당하거나 '이렇게 하라'고 명령받는 일, 자신에게 선택권이 없다는 것 자체가 자기부정감을 불러일으키고 스트레스를 줍니다.

이런 실험도 있습니다. 2마리의 쥐를 각각 다른 케이지에 넣은 뒤 불쌍한 쥐에게 전기충격을 주었습니다. 2마리 중 1마리만이 레버를 누를 수 있고, 그것을 누르면 2마리 모두 전기충격에서 벗어날 수 있습니다. 결과적으로 레버가 없는 쥐만 만성적인 스트레스 징후를 보였고 체중 감소, 궤양, 암 발생률까지 증가했습니다. 전기충격을 받은 시간은 2마리 모두 같았지만, 레버를 누를 수 있었던 쥐, '나는 전기충격을 피할 수 있는 결정권이 있다'고 생각한 쥐는 스트레스를 덜 받았습니다.

스스로 하고 싶어서 선택한 일을 하기 위해 참는 것이 '노력'입니다. 스스로 선택하지 않았고, 하고 싶지도 않은 일을 강요당하는 것은 '인내'입니다. 습관이 지속되는 이유는 그 일을 스스로 선택했기 때문입니다. 좋아하는 일을 계속할 수 있는 이유는 비록 그곳에 어떤 괴로움이 있더라도 스스로 납득하고 선택했기 때문입니다.

습관에도 인내의 단계가 있다

인내는 정상도 내리막도 없이 오르막만 있는 산을 끝없이 올라가는 것과 같습니다. 정상에서의 전망도, 내려올 때의 여유로움도 없습

인내와 노력의 차이

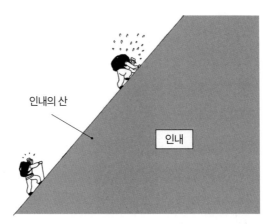

인내의 산

인내

인내에는 오르막만 있고
지불한 대가에 대한 합당한 보상이 없다.

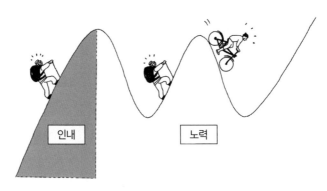

인내

노력

노력에는 '산꼭대기에 서는 성취감'이나
'내리막의 상쾌함'이라는 보상이 있다.
다만 처음 습관을 만드는 과정에는 인내의 단계가 있다.

니다.

노력은 그렇지 않습니다. 물론 곳곳에 오르막이 있어서 힘들지만 정상에 서면 성취감이 있고 내리막길도 상쾌합니다. 노력은 열심히 했을 때 그에 상응하는 보상이 있습니다.

습관을 익힐 때도 처음에는 인내의 시기가 있습니다. 처음에는 그저 괴롭거나 몸이 힘들어서 지불하는 대가가 큽니다. 그래서 작심삼일이 됩니다. 그 인내의 시기를 극복하는 방법을 3장에서 설명했습니다. 인내의 시기만 돌파하면 정당한 노력의 영역이 기다리고 있습니다. 여기에 도달하면 습관은 더 이상 고통스러운 행위가 아니라 그에 상응하는 보상을 받을 수 있는 행위가 됩니다.

자기 기준의 노력이면 충분하다

때로는 다른 사람의 노력이 눈부시게 보일 때가 있습니다. 이를 악물고 괴성을 지르면서 100킬로그램의 바벨을 들어 올리는 사람을 보면 자신의 노력이 하찮게 느껴집니다. 그러나 난생처음 헬스장에 와서 20킬로그램의 바벨을 들어 올리는 사람이 있다면, 저는 그 사람의 노력은 헬스장이 익숙한 사람이 100킬로그램의 바벨을 들어 올리는 노력 그 이상이라고 생각합니다. 누군가의 노력이 얼마만큼인지 다른 사람의 눈으로 측정하기는 어렵습니다.

이 문제에 대해 《운동화 신은 뇌》에 소개된 에피소드가 있는데, 제가 굉장히 좋아하는 이야기이기도 합니다. 중학교 체육교사인 필롤러는 체육 수업에서 심박수를 측정하기 위해 운동이 서투른 11세 여자아이에게 심박계를 붙이고 달리게 했습니다. 아이는 운동이 서툴렀기 때문에 기록이 좋지 않았습니다. 그러나 기록이 아닌 심박수에 주목하니 이야기는 완전히 달라졌습니다. 일반적으로 심박수의 최대치는 이론상 220에서 자신의 나이를 뺀 값입니다. 그런데 아이의 기록을 본 롤러는 순간 자신의 눈을 의심했습니다. 그 아이의 평균 심박수가 187을 기록했기 때문입니다. 11세의 최대 심박수는 대략 209인데, 아이가 골인한 순간에는 207까지 올라갔습니다. 거의 전속력으로 달렸다는 뜻입니다. 롤러는 그때의 일을 돌이켜보며 이렇게 말했습니다.

"아니, 이럴 수가! 거짓말이지?' 나도 모르게 그렇게 말했다. 평소라면 아이의 곁에 가서 더 열심히 달려야 한다고 주의를 주었을 것이다. 다시 생각해보면 선생님이 칭찬해주지 않아서 운동을 싫어하게 된 학생이 얼마나 많을까? 사실 그 학생은 체육 시간에 누구보다도 열심히 하고 있었다."

달리기 기록이 빠른 것과 최선을 다하는 것은 별개의 문제입니다. 이 이야기는 왜인지 몇 번을 읽어도 눈물이 납니다. 운동을 싫어하던 그 학생은 가슴이 터질 정도로 누구보다 열심히 노력했던 것입니다.

'재능'에 대한 오해

프로 작가란 글을 쓰는 것을 멈추지 않는 아마추어다.

● 리처드 벅

습관에 대해 연구하면서 저는 '재능'에 대해서도 다르게 생각하게 되었습니다. 예전에는 재능이 선천적으로 주어지는 것이라고 생각했습니다. 유전의 영향이 크고, 타고나는 재능은 이미 정해져 있어, 그것이 있는 사람과 없는 사람이 있다고 믿었습니다. 저는 재능이 없는 사람으로 태어난 것 같았기 때문에 매우 불공평하다고 생각했습니다.

하지만 왜 그럴까요? 누가 봐도 천부적인 재능을 가진 듯한 사람도 자신은 재능이 없다고 말하기도 합니다.

재능이 없는 천재들

다카하시 나오코는 시드니 올림픽 여자 마라톤 금메달리스트입니다. 그는 코치 고이데 요시오에게 항상 "너는 소질이 없기 때문에 트레이닝을 세계 최고로 해야 한다"는 말을 들었습니다. 아무리 생각해도 금메달리스트가 되려면 재능이 필요하고 천재여야 하지 않을까요? 이 책의 머리말에서 언급했던 사카구치 교헤라는 작가도 이렇게 말했습니다.

"당신은 타고난 재능이 있으니까 다른 사람과는 다르다고 말한 사람도 있었지만, 10년 전에는 재능이 없으니 그만두라는 말을 들었다. 계속한다는 건 정말 대단하지 않은가?"

무라카미 하루키도 29세가 될 때까지는 평생 취미를 즐기는 사람으로 살면 된다고 생각했습니다. 독서를 하고, 음악을 듣고, 고양이를 기를 수만 있으면 된다고 말이죠. 그는 한 인터뷰에서 "내가 어떤 창의적인 일을 할 수 있을 거라고 당시에는 전혀 생각하지 못했다. 그런 재능은 나에게 없다고 생각했으니까"라고 답했습니다.

아인슈타인도, 다윈도 범인?

이렇듯 천재들은 입을 모아 "나는 평범한 사람이다"라고 말합니다. 찰스 다윈은 자서전에서 자신에게 직감적인 이해력과 기억력이 부족하다며 한탄했습니다. 아인슈타인도 자신은 특별히 머리가 좋은 것이 아니라, 그저 문제를 더 오래 붙들고 있었을 뿐이라고 말했습니다. 다윈과 아인슈타인이 천재가 아니라면 누가 천재라고 할 수 있을까요?

다윈은 자신에게 보통 사람보다 뛰어난 점이 있다면, 그건 자연과학에 대한 끝없는 열정이라고 말했습니다. 아인슈타인 역시 "나에게 특별한 재능은 없다. 단지 열정적인 호기심이 있을 뿐이다"라고 했습니다.

두 사람 모두 자신이 특별히 뛰어나다고 생각하지 않았습니다. 그러나 그들에게는 아무리 퍼내도 마르지 않는 열정이 있었습니다. 그래서 어려운 문제에 다른 사람들보다 오랫동안 몰두할 수 있었습니다. 우수함보다도 지속하는 것이 더 중요하다는 뜻입니다.

그렇다면 재능은 주어지는 것이 아니라 원래 없던 곳에서 나중에 생기는 것일까요? 리처드 백의 말처럼 사람은 프로가 될 수 있는 재능을 가지고 태어나는 것이 아니라 지속한 끝에 재능에 도달하는 걸까요?

어디까지 노력할 수 있는가?

앤슨 도런스Anson Dorrance는 미국 여자축구 역사상 가장 많은 우승을 기록한 코치로, 31년간 22번의 전국 우승을 차지했습니다. 그는 재능에 대해 이렇게 말했습니다.

"재능은 흔한 것이 아니다. 위대한 선수가 되는 것은 재능을 발전시키기 위해 어디까지 노력할 수 있느냐에 달려 있다."

자신의 팀이 좋은 성적을 거둔 것은 자신에게 선수의 재능을 알아보고 스카우트하는 능력이 있었기 때문이 아니라 '들어온 선수를 잘 훈련시켰기 때문'이라고 단언했습니다.

너무도 평범한 재능의 진실

챔피언은 아무도 보지 않는 곳에서 땀을 흘리며 지쳐 있는 사람을 말한다.

●앤슨 도런스

우수한 수영선수를 오랜 기간에 걸쳐 연구한 사회학자 대니얼 챔블리스는 논문에 다음과 같이 썼습니다.

- 최고의 퍼포먼스는 무수히 많은 작은 기술과 행동을 쌓아 올린 결과다.
- 선수들은 특별하거나 초인적인 일을 하는 것이 아니다.
- 선수들은 지속적인 반복으로 탁월한 수준에 도달했다.

이 논문이 말하는 것은 지극히 당연한 이야기로, 꾸준히 노력하는 사람이 승리를 거둔다는 말입니다. 지나치게 당연해서 이 논문은 동료들에게 좋지 않은 평가를 받았다고 합니다. 사람들은 더 자극적인 내용을 기대합니다. '모든 것은 유전자가 결정한다!', '천재는 3세 이전에 받은 교육으로 정해진다!' 같은 이야기를 좋아합니다. 그러나 진실은 평범합니다. 단지 습관을 꾸준히 유지하는 것, 습관의 지속이 재능을 만드는 비결입니다.

천재들이 자신은 재능이 없다거나 평범하다고 말하는 것은 천재에 도달하기까지 본인이 겪은 과정이 그야말로 평범하기 때문이 아닐까요?

천재를 자신과 분리시킨다

천재는 참 편리한 말이다. 천재라고 하면 노력도 하지 않고,
타고난 것만으로 이룬 것처럼 생각하니까.

● **후쿠하라 아이**

그러나 우리가 동경하는 것은 언제나 천재들의 이야기입니다. 하뉴 유즈루 선수나 우치무라 고헤이 선수의 완벽한 연기를 4년에 1번 씩 보면 차원이 다른 천재처럼 보이고, 그 훌륭함에 열광하고 도취 되어 일체감을 느끼고 싶어집니다. 《그릿》의 앤절라 더크워스Angela Duckworth는 이러한 경향에 대해 니체의 말을 소개했습니다.

"너무 완벽한 것을 봤을 때, 우리는 '어떻게 하면 저렇게 될 수 있을까'라고 생각하지 않는다. 천재를 신이 빚은 존재라고 생각하면 그와 비교해서 열등감을 느낄 필요가 없기 때문이다. 누군가를 초인 적이라고 말하는 것은 그 사람과 경쟁해도 소용이 없다는 의미다."

이렇게 '재능'과 '천재'라는 단어는 누군가를 칭찬하기 위해서가 아니라, 그 사람들을 자신과 분리해서 생각하기 위해 사용하는 경우가 많은 것 같습니다. 자신이 상대할 수 없는 능력을 목격했을 때, 그 것은 자신의 힘이 닿지 않는 곳에서 발생했다고 생각해야 마음이 편하기 때문입니다.

덧셈의 재능, 곱셈의 재능

그렇다면 사람마다 차이가 없고, 노력만 하면 누구라도 천재들과 같아질 수 있느냐고 묻는다면, 물론 그렇지 않습니다. 인내와 노력을 구분해서 생각했듯이, 저는 재능이라는 말 역시 본래 '재능'의 의미와 '센스'의 의미도 구분해서 사용합니다.

시인 다와라 마치는 '덧셈의 재능'과 '곱셈의 재능'이 있다고 말했습니다. 같은 경험을 하더라도 그것을 덧셈만으로 쌓아 올리는 사람이 있고, 곱셈으로 재빨리 결과에 도달하는 사람이 있다는 것입니다.

이 차이를 저는 센스라고 부릅니다. 제가 생각하는 센스와 재능의 차이는 다음과 같습니다.

- 센스: 습득하는 속도
- 재능: 지속해서 습득한 기술과 능력

예를 들어, 외국어를 금방 습득하는 사람에게는 센스가 있다고 말합니다. 센스가 있으면 투자한 노력에 비해 성장하는 속도가 빠릅니다. 그러나 센스가 없어도 포기하지 않고 꾸준히 지속하다 보면 덧셈으로도 언젠가 같은 기술과 능력, 즉 재능에 도달할 수 있지 않을까요?

재능이 없는 것이 아니라
멈추기 때문이다

자신보다 훨씬 부족한 재능을 가지고 있으면서도
그것을 갈고닦아서 당당한 시인이 된 사람은 얼마든지 있다.

●**나카지마 아츠시**

첫 번째는 아주 작은 감각의 차이입니다. 미술 수업에서 금방 요령을 터득해 "너는 그림을 참 잘 그리는구나"라고 칭찬받은 아이가 있었다고 합시다. 그 아이는 그림을 그리면 칭찬이라는 보상을 받기 때문에 기쁜 마음으로 또 그립니다. 수업 중에도 노트에 온통 그림을 그립니다. '나는 할 수 있다!'라는 자기효능감이 생겨났기 때문에 직접 연재만화를 그려서 반 친구들에게 보여주기도 합니다. 그때에도 칭찬을 받으면 또 그리게 됩니다. 아이는 그림을 그릴 기회 자체가 많아져 더욱 잘 그리게 됩니다.

시간이 지나면 그 아이는 미술대학에 들어가고 싶어질지도 모릅니다. 그러나 거기서 자신만큼 그림을 잘 그리는 사람이 세상에 많다는 사실에 충격을 받게 됩니다. 그때쯤이면 칭찬받는 것은 자신이 아니라 다른 사람입니다. 그림을 그려도 보상을 받지 못하므로 그림을 그릴 기회가 줄어듭니다. 그리고 '나는 재능이 없었구나'라고 생각합니다.

계속하기만 하면 덧셈밖에 할 수 없는 감각이라 해도 재능은 쌓입

니다. 그러나 사람들은 자신보다 더 감각 있는 사람이 습득하는 속
도를 보면 자신이 바보 같다고 느껴져 그만두게 됩니다. 재능이 없
다기보다 단순히 지속하기를 포기했기 때문에 재능이 그곳에서 멈
추었을 뿐입니다.

포기한다는 것은 분명하게 밝히는 것

물론 모든 사람이 그 분야에서 전문가가 되거나 일류가 될 수는 없
습니다. 한계는 어딘가에 분명히 존재합니다. 윌리엄 제임스는 이것
이 '나무가 하늘까지 자라지 않는 것과 같다'고 말했습니다.

　육상선수 다메스에 다이는 100미터 달리기에서 메달을 따고 싶
었지만, 자신의 신체조건을 감안해서 400미터 허들로 종목을 변경
했습니다. 누구에게나 바꿀 수 없는 조건이 있습니다. 그래서 다메
스에 다이는 100미터 달리기를 포기했습니다. 그러나 그는 "포기하
는 것은 '분명히 하는 일'이다"라고 말했습니다. 단순히 포기하는 것
이 아니라 '자신의 한계를 분명히 하는 일'이라는 뜻입니다.

병에 걸려도 납득할 수 있다

제가 하고 싶은 것도 마찬가지입니다. 제 한계를 분명히 아는 것, 제 분수를 아는 것입니다. 그래서 깨끗하게 포기하는 것, 즉 분명히 밝히는 일입니다. 제 한계를 분명히 하고, 그것에 진심으로 만족하고 싶습니다.

병으로 생각하면 이해하기 쉬울지도 모르겠습니다. 저는 지금도 잠을 충분히 자고, 직접 세끼 밥을 지어 현미와 채소를 먹으며, 매일 운동도 합니다. 술, 담배도 하지 않습니다. 건강검진 문진표를 작성하면 전부 'A'를 받을 정도로 더 이상 건강에는 신경 쓸 부분이 없습니다.

그래도 언젠가 병에 걸릴지도 모릅니다. 그때 저는 그것을 기꺼이 받아들일 수 있을 것 같습니다. 제가 할 수 있는 일은 전부 했으니까 말입니다. 그 병은 제게 주어진 것이고, 그렇다면 포기할 수 있습니다.

'재능'이라는 말은 잊어버려라

다케이 소가 SNS에 남긴 말이 생각납니다. "재능에 대해 말하려면 상대방의 노력을 넘어선 후여야 한다." 어린아이가 옷에 단추를 달려고 합니다. 며칠 동안 도전해도 할 수 없습니다. 그때 아이가 "나는 단추 채우기에 재능이 없어!"라고 말한다면 어떨까요? 세수, 양치질 등 아침에 외출 준비 루틴을 무난히 해내는 어른을 보고 아이들이 "천재다!"라고 말한다면 어떨까요?

우리는 무심코 이와 비슷한 일을 하고 있습니다. 한계에 다다랐을 때, 어디까지 뻗어나갈지 알 수 없으면서 포기하려는 변명으로 '재능'이라는 말을 가져다 쓰고 있습니다. '재능이 없어서' 포기한다고요.

사람마다 감각과 한계에 차이가 있습니다. 그러나 그것은 습관을 지속한 뒤, 훨씬 나중에 생각할 문제입니다. 재능 따위를 평소의 화젯거리로 삼을 필요가 전혀 없습니다.

유전의 문제는 어떨까?

재능은 주어지는 것이 아니라 꾸준함의 끝에서 만들어집니다. 그렇다면 부모에게 물려받은 유전자는 전혀 관계가 없을까요? 물론 영향은 있을 것입니다.

예를 들어 뮤지션 오자와 겐지의 집안은 남다릅니다. 본인은 도쿄대학교를 졸업했고 아버지는 독일 문학가, 어머니는 심리학자, 숙부는 지휘자 오자와 세이지이며, 그 밖의 친척들 중에도 유명인이 많습니다. 이런 사례를 보면, 재능이 선천적인 것으로 보입니다. 물론 어느 정도는 그렇다고 할 수 있습니다.

그러나 친척 중에 어떤 분야의 전문가가 있으면 어릴 때부터 관련 지식을 빠르게 접할 수 있고, 그쪽으로 진로를 정했을 때 다른 가정보다 반대가 덜할 것입니다. 친척이 전문가라면 나도 할 수 있을지도 모른다는 긍정적인 영향도 받을 것입니다. 하지만 이런 후천적인 요소를 유전자 검사로는 측정할 수 없습니다.

유전인가, 환경인가에 대한 정답

할 수 있는 것에 집중하고 할 수 없는 것은 후회하지 마라.
그것이 나의 조언이다.

• 스티븐 호킹

사람을 결정하는 것은 유전일까요, 환경일까요? 오랫동안 논의되어 온 이 복잡한 문제는 거의 답을 찾아냈습니다. 캐나다의 심리학자 도널드 올딩 헤브Donald Olding Hebb는 유전인지, 환경인지를 묻는 질문에 "그것은 직사각형의 크기를 결정하는 것이 세로변의 길이냐, 가로변의 길이냐를 묻는 것과 같다"고 답했습니다. 제가 가장 좋아하는 답변은 월터 미셸의 표현입니다.

"우리가 어떤 사람인지는 환경과 유전자가 긴밀하게 얽히고설킨 춤으로 나타나며, 그 춤은 어느 한쪽으로만 가능하다고 봐서는 안 된다."

남녀가 함께 추는 춤의 아름다움을 둘 중 누가 만들어냈는지 묻는 질문은 의미가 없습니다.

주어진 카드로
승부하는 수밖에

스누피는 이렇게 말했습니다. "주어진 카드로 승부하는 수밖에 없어." 우리가 받은 카드 중에는 유전자의 영향을 받은 카드도 있을 것입니다. 그러나 습관을 통해서 그중 몇 장은 포커처럼 교환할 수 있습니다.

심리학자 캐롤 드웩Carol Dweck은 중요한 사실을 밝혀냈습니다. 의지력 실험에서, 의지력은 무언가를 할수록 줄어든다고 생각한 사람보다 무한하다고 생각한 사람의 실험 성적이 더 좋았다는 것입니다. 의지력이 실제로 줄어드는지 아닌지는 제쳐두고서라도, 어쨌든 의지력이 줄어들지 않는다고 생각하는 편이 더 효과적인 것입니다.

재능과 유전의 문제도 이와 똑같습니다. 적어도 유전으로 정해지는 요소가 크다고 생각하는 사람보다 계속해서 노력하면 바꿀 수 있다고 믿는 사람이 더 멀리 도달할 수 있다는 것은 의심할 여지가 없습니다.

내가 욕심이 많아서인가?

언젠가 습관을 만들고 실천하다가 '이렇게 사는 건 내가 욕심이 너무 많기 때문인가?'라는 생각이 들 때가 있었습니다. 술도, 단것도 끊은 제 모습을 본 친구가 "네 삶의 방식이, 나는 좀 그래"라고 말했기 때문입니다.

심리학자 배리 슈워츠Barry Schwartz는 사람을 두 가지 유형으로 나누었습니다. 지금 듣고 있는 라디오로 만족하는 사람과 계속 채널을 바꿔서 만족할 만한 것을 찾는 사람입니다.

전자는 '적당히 만족파'로, 쇼핑을 할 때도 적당한 옷을 찾으면 만족합니다. 후자는 '완벽주의자'로 마음에 꼭 드는 옷을 찾기 위해 고생합니다. 저는 완전히 후자입니다. 완벽주의자는 만족할 수 있는 것을 발견하면 기쁘지만, 거기까지 지불해야 하는 심리적, 육체적인 대가가 큽니다. 목표를 추구하다 보면 스스로의 행복이 뒷전으로 밀려나기도 합니다.

저는 습관을 실천하지 못하면 금방 우울해지는데, 이것도 그러한 성향 때문입니다. 이렇게 금방 우울해지는 사람은 자신에 대한 기대치가 높기 때문입니다.

다른 사람이 보기에 특별히 뛰어난 점이 없어도 행복해 보이는 사람이 있습니다. 그런 사람을 보면 재능과 행복은 전혀 다른 문제라는 생각이 듭니다. 이미 행복한 사람들에게는 바람직한 습관을 들이라고, 노력하라고 굳이 말하지 않아도 될 것입니다.

가장 큰 보상은 자신을 좋아하게 되는 것

세상이 무엇을 필요로 하는지를 묻기 전에, 당신이 무엇을 하면 건강해지는지 물어야 한다. 왜냐하면 세상은 활기찬 사람을 필요로 하기 때문이다.

● **하워드 서먼**

어느 배우가 한 말이 아직도 기억납니다. 그것은 "노력하는 자신을 좋아하게 된다"라는 말입니다. 습관을 만들어서 얻을 수 있는 보상에는 여러 가지가 있지만 가장 큰 보상은 자기긍정감, 즉 자신을 좋아하게 되는 일이 아닐까 싶습니다.

어느 날 SNS에서 이런 말이 눈에 들어왔습니다. '대부분의 사람에게 공통되는 목표는 '기분 좋은 사람이 되는 것' 아닐까요?'

저는 기본적으로 겁이 많고 조용한 사람이지만, 그래도 하루에 계획된 습관을 전부 하고 나면 기분이 들뜹니다. '오늘 해야 할 일을 다 했다'고 느낄 때 기분이 좋아지는 사람인 것 같습니다. 잘하고 있어서 기분이 좋으면 다른 사람의 노력도 응원할 수 있습니다. 다른 사람을 비난하고 싶어지는 것은 내 일이 잘 안 풀릴 때입니다. 하고 싶은 일에 열중하고 있으면 다른 사람이 무엇을 하든지 별로 신경 쓰이지 않습니다.

하지만 하고 싶은 일을 하지 못하고, 자신을 부정하고 있는 사람은 다른 사람이 노력한 결과도 대수롭지 않게 여깁니다. 이것은 자연스러운 심리적 방어입니다. 이렇게 생산성 없는 비판이 시작되는 이유는 자기부정에서 비롯되는 경우가 많습니다. 눈물 맺힌 눈으로는 현실이 비뚤어져 보이는 법입니다. 하워드 서먼이 말한 것처럼, 먼저 자기 자신을 잘 지켜야 합니다.

모두가 초일류를 지향하는 것은 아니다

운동선수나 음악가, 학자 등 전 세계 최고 선수들을 연구한 안데르스 에릭슨Anders Ericsson은 초일류 중에서 '연습이 즐겁다'고 답한 사람은 단 한 명도 없다고 말했습니다. 예를 들어, 마라톤에서는 2시간의 벽을 돌파하려는 노력이 계속되고 있습니다. 마라톤처럼 확실하게 기록으로 승부하는 것은 정말 힘든 일입니다. 지금까지 살아온 인류 중에서 누구보다도 빠르게 달리려는 행위로, 상상을 초월하는 노력이 필요합니다.

안정적인 영역에서 벗어나, 자신의 한계를 뛰어넘는 부하를 계속 가하는 연습은 결코 편할 수 없습니다. 그러나 우리가 목표로 하는 것은 그것과는 별개입니다. 사람마다 자기 안에 저마다의 '심판관'

이 있기 때문입니다.

저는 제가 정한 습관을 달성하지 못했을 때 좌절하기 때문에 나름대로 엄격한 심판관을 안고 있습니다. 그러나 설령 일찍 일어나지 못해도, 운동을 하지 못해도, '그래도 뭐, 괜찮아'라고 납득하거나 좋은 기분을 유지할 수 있다면 그것으로도 충분하다고 생각합니다.

예전에 고등학교 시절 친구를 오랜만에 만났는데, 예전과 달리 살이 엄청 쪄 있었습니다. 하지만 그는 "이제 그래도 괜찮을 것 같아서"라고 말하며 웃었습니다. 그는 자신의 한계를 명확히 한 상태였던 것입니다. 제가 목표로 하는 것이 같은 상태는 아니지만, 저에게도 그 친구처럼 스스로 납득하는 일이 필요합니다.

복잡한 것을 지나 다시 단순한 것으로

복잡한 것의 이편에 있는 단순함은 가치가 전혀 없지만, 복잡한 것의 저편에 있는 단순함은 어떤 희생을 치르더라도 손에 넣고 싶다.

● 올리버 웬델 홈스

지금 제가 하고 있는 습관은 결국 아주 단순한 것들뿐입니다. 존 레이티는 이렇게 말했습니다. "내가 할 수 있는 최선의 조언은 조상들의 일상적인 활동을 따라 하라는 것이다."

조상들의 일상적인 활동은 이랬습니다. 해가 뜨면 일어나고, 해가

지면 쉽니다(수면). 너무 길지 않은 시간 동안 사냥을 하거나 먹이를 구하기 위해 이동하고(일, 운동), 자연이나 연장자에게 가르침을 받고 (배움), 노래하거나 춤을 췄습니다(취미, 예술).

인간의 몸은 이런 행동을 하기 위해 최적화된 구조를 갖추고 있습니다. 운동을 하면 학습을 위한 뉴런이 잘 성장하고, 운동의 고통이 있으면 행복감까지 느낄 수 있는 스트레스 호르몬이 분비된다는 것은 이 책에서도 자주 언급했습니다.

그러나 현대에 접어들어 교통기관이 발달하면서 운동량이 줄어들었고, 맛있는 음식을 너무 많이 먹어 몸을 움직이기가 더 어려워졌습니다. 그렇게 되면 사람이 원래 갖고 있던 기쁨조차 느끼기 어려워집니다.

자동차를 사고, 여행을 즐기고, 맛있는 식당에 가고, 아이에게 교육을 시킵니다. 지금 한 사람의 인간이 살아가기 위해서는 방대한 비용이 필요합니다. 그래서 소중한 수면 시간까지 줄여가며 일해서 돈을 벌어야 합니다. 어쩐지 본말이 전도된 것 같은 이야기입니다.

저는 지금 예전에는 살아만 있었다면 자연스럽게 느낄 수 있었을 기쁨을 멀리 돌고 돌아서 습관을 통해 겨우 얻고 있는 것 같습니다. 그것은 올리버 웬델 홈스의 말처럼 복잡한 것을 거쳐 도달한 지극히 단순한 것입니다.

삶과 성장이 연결되어 있던 시대

조상들의 삶은 성장의 기쁨으로 넘치지 않았을까요? 그들의 일은 분업화되어 있지 않았기 때문입니다. 예를 들어 수렵 채집 생활에서 그들이 배워야 했던 것은 먹이를 추적하고 사냥하는 기술만이 아니었습니다. 환경으로부터 날씨를 읽고 물을 찾아야 합니다. 밧줄을 엮고 그릇을 만듭니다. 자연에서 얻은 재료를 이용해 집을 짓습니다. 그림을 그리거나 점을 치기도 합니다. 평생을 배워도 다 배울 수 없을 만큼 많은 놀라움이 그곳에 있었을 것입니다.

그렇게까지 거슬러 올라가지 않아도, 대부분의 사람들이 직장인으로서 일하게 되기 전까지는 그랬습니다. 백성이란 '100가지 일을 할 수 있는 사람'이라는 뜻입니다. 살면 살수록 배울 것이 많았으므로 자연스레 연장자를 공경했습니다. 그때까지만 해도 사는 것과 성장하는 것이 직접 연결되어 있었습니다.

사람은 왜 성장을 추구하는가?

그레고리 번스에 따르면 도파민이 많이 분비되는 것은 예상치 못한 무언가를 만나거나 지금까지 해본 적 없는 행동을 할 때, 즉 '새로움'을 느꼈을 때라고 합니다. 도파민이 새로움에 반응하는 것은 환경에 대한 새로운 정보를 손에 넣는 일이 무엇보다 생존에 도움이 되기 때문이 아닐까 추측했습니다.

심리학자 로버트 화이트Robert White는 이런 주장을 했습니다. 사람은 자신이 놓인 환경에 대한 정보를 모아서 환경에 적응하는 능력을 키우려고 합니다. 그리고 자신이 무엇을 할 수 있는지, 자신의 유능함을 확인하고 싶은 본능이 있다고 합니다.

영화 〈캐스트 어웨이〉처럼 무인도에서 표류하는 것에 흥미가 있는 사람이라면 이 본능을 잘 이해할 수 있을 것입니다. 화이트는 이 본능을 '컴피턴스competence'라고 불렀습니다. 이동 생활을 하던 1만 년 전이라면 이런 컴피턴스를 충분히 느낄 수 있었을 것입니다. 주기적으로 주거지가 달라지면 그때마다 새로운 환경을 탐색하는 즐거움도 있었을 것이고, 그 환경을 통제하는 즐거움도 있었을 것입니다. 사람들이 호기심이나 성장을 추구하는 것은 아마도 이런 본능에서 비롯되었을 것입니다.

성장을 원해야 하는 시대

그러나 현대인에게 성장의 기회는 조상들과 달리 의도적으로 원해야 하는 것이 되어버렸습니다. 제 경험을 예로 들어보겠습니다. 예전에 먹을 수 있는 잡초를 조사하다가 도로변에 돋아나는 풀들을 유심히 바라보게 되면서 눈에 들어오는 풍경이 바뀌었습니다. 미장일과 마루공사 워크숍에 참가했더니 가게를 수리하는 방법에 눈을 떴고, 이동식 주택을 만들려고 건축에 관심을 가지면서 사찰을 보는 시각이 바뀌었습니다. 고무보트로 급류 타기 체험을 했더니 차창 밖으로 보이는 강을 볼 때도 '저 강은 어떻게 타고 내려갈 수 있을까?'라는 생각을 하게 되었습니다.

관심의 영역을 늘리면 그 영역에서 얻을 수 있는 정보가 늘어나고 이전과는 다른 세계가 펼쳐집니다. 그러나 먹을 수 있는 풀을 구별하거나 집을 짓거나 보트를 타고 강을 내려가는 일은 옛날이라면 살아가면서 자연스럽게 습득할 수 있는 지식과 경험이었을 것입니다. 현대사회는 그렇지 않기 때문에 성장의 기회를 의도적으로 만들어야 합니다.

자기 나름대로 성장의 기회를 개척해나가지 않으면 틀에 박힌 즐거움밖에 누릴 수 없습니다. 놀이동산도, 스마트폰 게임도 물론 재밌습니다. 그것은 누구라도 즐길 수 있도록 설계되어 있기 때문입니다. 그러나 '이렇게 즐겨야 한다'고 정해져 있는 즐거움은 언젠가 싫증이 납니다. 그러다 보면 언젠가는 그런 즐거움밖에 누리지 못하는 자기 자신도 지겨워질 것입니다.

자기만의 성장 기회를 잡아서 습관으로 만들어보세요. 자기 자신을 '새로운' 존재로 느낄 수 있는 것, 그것은 사람의 본능을 채우는 일입니다.

행복의 지갑에는 구멍이 뚫려 있다

성공에 갇히지 마라. 성장에 갇혀라.

● **혼다 케이유키**

성장이 필요하다고 생각하는 이유는 그 외에도 있습니다. 행복은 저금할 수 없는 것이기 때문입니다. 행복의 지갑은 바닥에 커다란 구멍이 뚫려 있습니다.

앞서 올림픽에서 활약한 선수들이 우울증에 걸리기도 하고, 아폴로 프로젝트에 참여한 우주 비행사도 비슷한 증상을 겪었다는 것을 소개한 바 있습니다. 저에게도 규모는 전혀 다르지만 비슷한 상태가 찾아왔습니다. 전작 《나는 단순하게 살기로 했다》는 베스트셀러가 되었고, 25개 언어로 번역되었습니다. 증쇄를 거듭하며, 일본과 해외에서 수백 개의 매체에 소개되었습니다. 지금도 해외에서 '자신의 인생이 바뀌었다'는 고마운 마음을 담은 메일을 받습니다.

다른 사람이 보기에 이것은 큰 성공일 것입니다. 완전히 무명의 개인에게 일어난 일로는 충분한 일입니다. 그러나 무언가 해냈다는 것은 눈 깜짝할 새에 하나의 기준점이 되어버렸습니다.

인터뷰에서 같은 내용을 반복해서 이야기하다 보니 제 자신이 텅 비는 느낌이 들었습니다. 지난 일기를 들춰보니 책이 팔리고 성공한 직후부터 자주 스스로를 괴롭혔습니다. 술을 너무 많이 마셨다고 자책하고, 일에서 보람을 느낄 수 없어서 괴로웠습니다.

행복은 돈과는 다릅니다. 돈처럼 과거에 저축한 '행복 저금'을 매일 조금씩 꺼내 쓰면서 오늘의 자기긍정감을 보충할 수 있는 것이 아닙니다. 의지력은 직전 행동에 영향을 받습니다. 직전에 무언가를 성취하면 자기긍정감이 생겨납니다. 그래서 매일 만족감을 얻거나 성장하는 보람이 필요합니다. 과거의 성취를 자랑하는 것으로는 자기긍정감을 얻을 수 없습니다.

불안은 사라지지 않으니, 함께하는 수밖에 없다

습관을 통해 매일 보람을 느끼다 보니 불안과도 잘 지낼 수 있게 되었습니다. 저 같은 프리랜서에게는 늘 불안이 따라다니게 마련입니다. '이대로 일을 계속할 수 있을까?', '저금해놓은 돈이 얼마나 남았지?' 등이 항상 고민입니다. 그러나 지금은 불안하지 않습니다. 그런 불안이 엄습해온 시점은 저금해둔 돈이 줄어들었을 때가 아닙니다. 불안은 일을 제대로 하지 않고 게으르게 보낸 하루의 끝자락에 찾아왔습니다. 통장 잔액 같은 객관적인 사실 때문이 아니라 나의 후회를 계기로 불안은 공격을 개시합니다.

　예를 들어, 체중 문제도 마찬가지입니다. 운동을 열심히 하고 절제하는 생활을 해도 다음 날 체중이 늘어날 때가 있습니다. 이럴 때는 전혀 기운이 꺾이지 않는다는 것을 깨달았습니다. 해야 할 일을 하고 있으면 결과가 기대에 미치지 못해도 신경이 쓰이지 않습니다. 우울해지는 것은 해야 할 일을 하고 있지 않다는 것을 스스로가 알고 있기 때문입니다.

불안과 고민은 정말로 기분의 문제입니다. 문제 자체가 아니라 그 것을 자신이 어떻게 받아들이고 있는지에 대한 기분의 문제입니다. 그래서 저는 우울하면 달립니다. 뇌의 혈류를 좋게 하고 도파민과 코르티솔의 도움을 받습니다. 그렇게 하면 기분이 좋아지고, 이런 문제 따위는 내가 어떻게든 해결할 수 있다는 생각이 듭니다.

싫지만, 꼭 필요한 존재

통증은 싫지만, 꼭 필요한 신호입니다. 다리가 부러졌는데 통증을 느끼지 못하면 환부를 보호하지 않고 부상을 악화시킬 수 있습니다. 피로도 마찬가지입니다. 오늘 하루를 충실히 보냈으며 무언가를 달성했음을 가르쳐주는 신호이기도 합니다.

불안도 마찬가지입니다. 불안이 없으면 사람들은 앞뒤를 생각하지 않고 무모하게 행동할 것입니다. 불안이 있기에 계획도 세울 수 있습니다. 과도한 불안은 좋지 않지만, 적당한 불안은 자신이 새로운 것에 도전하고 있다는 신호이기도 합니다. 배우 오스기 렌은 "경험을 쌓아도 불안은 사라지지 않는다. 불안과 함께할 수밖에 없다" 고 말했습니다. 그처럼 경험 많은 베테랑에게도 불안은 존재합니다. 불안을 없애려고 하지 말고 오히려 언제나 있다고 받아들이는 것이 바람직합니다.

습관을 실천하다 보면 물리적으로 고민할 시간이 없어진다는 것은 앞에서도 언급했습니다. 불안은 결코 사라지지 않지만, 사소한 것이라도 매일 실천해 보람을 느끼면 불안과도 잘 어울릴 수 있습니다.

불안은 미래에 대한 감정입니다. 그리고 오늘을 쌓아올린 끝에 미래가 있습니다. 하루하루에 만족한다면 그런 오늘이 쌓여 만들어진 미래가 이상한 방향으로 나아갈 리 없습니다.

마음도 습관으로 이루어져 있다

마음을 바꾸면 태도가 바뀐다.
태도가 바뀌면 행동이 바뀐다.
행동이 바뀌면 습관이 바뀐다.
습관이 바뀌면 인격이 바뀐다.
인격이 바뀌면 운명이 바뀐다.
운명이 바뀌면 인생이 바뀐다.
• **힌두교의 가르침**

그런데 습관의 구조는 일찍 일어나기나 운동처럼 새해에 세울 만한 목표에만 작용하는 것은 아닙니다. 우리 마음 또한 습관으로 이루어져 있습니다. 예를 들어 사람이 자연스럽게 내뱉는 말도 별 생각이 없다는 측면에서 습관인 경우가 많습니다.

초등학생도 안 되어 보이는 어린아이가 버스에서 내리면서 운전기사에게 큰 목소리로 "감사합니다!"라고 말했습니다. 그런 모습을 보면 저절로 미소가 지어집니다. 우리는 어른이 되면서 어느새 감사하다는 말에 인색해졌습니다.

요금을 내고는 있지만 운전기사가 없다면 목적지에 도착할 수 없습니다. 감사함을 표현한다고 해서 요금을 더 내는 것도 아닙니다. 고마움을 표현하면 운전하는 사람의 보람도 더 커질 것입니다. 그래서 저는 버스에서 내릴 때 "감사합니다"라고 말하기로 했습니다.

그러나 이런 간단한 일에도 처음에는 마음의 준비가 필요했습니다. 요금을 내기 위해 지갑을 준비할 때부터 가슴이 두근거렸습니다. 왜냐하면 다른 사람들은 거의 하지 않는 행동이기 때문입니다. 그러나 여러 번 반복해서 인사를 하다 보니 특별히 의도하지 않아도 버스에서 내릴 때 저절로 감사 인사를 하게 되었습니다. 습관이 된 것입니다.

친절과 웃음도 습관이다

출퇴근길에 앞서가던 누군가가 손수건을 떨어뜨리면, 우리는 반사적으로 그것을 주워줍니다. 그것은 생각해서 하는 행동이 아니라 친절을 베푸는 습관이 있어서입니다. 제가 뉴욕에 갔을 때 인상 깊었던 것은 무거운 유모차를 옮기는 사람이 있으면 누군가가 망설임 없이 바로 도와준다는 점이었습니다. 반사적으로 다른 사람에게 친절을 베푸는 습관이 배어 있었습니다. 누군가를 도와주고 싶다고 생각하다가도 조금 망설여본 적이 있지 않은가요?

의지력은 단순히 에너지나 노력으로 줄어드는 것이 아니라 긍정적인 감정으로 회복된다는 것을 기억합시다. 사소한 친절은 서로에게 기쁨을 줄 뿐 아니라 친절을 베푼 후에 이어지는 과제에 더 잘 대처할 수 있게 해줄 것입니다.

웃는 얼굴이 보기 좋은 사람이 있으면 그 미소는 다른 사람에게도 전염됩니다. 저는 웃는 표정이 서툴러 입 주변의 표정 근육이 굳어 있었습니다. 그래서 집에서 거울을 보면서 웃는 습관을 만들었습니다. 이상하게 보일 수도 있지만, 계속 하다 보니 거울을 보기만 해도 자동적으로 웃게 되었습니다. 지금도 다른 사람에게 미소를 보이는 것은 어색하지만, 습관적으로 하다 보니 사진을 찍을 때 예전보다 조금은 더 자연스럽게 웃을 수 있게 되었습니다. 자신의 성격이라고 생각했던 일도 사소한 습관으로 바꿀 수 있습니다.

사고의 습관

저는 말하기에도 굉장히 자신이 없었는데, 미니멀리즘을 소개하기 위해 마음먹고 라디오에도 많이 나갔습니다. 그러다 보니 이제 질문을 받으면 대답이 나오기 시작했습니다. 그도 그럴 것이 미니멀리즘에 대해 오랫동안 고민했고 책을 쓰는 동안에도 예상되는 질문에 대해 몇 번이고 반복해서 자문자답을 해왔기 때문입니다. 그래서 질문은 저에게 '신호'였고, 대답은 이미 익숙한 '루틴'이었던 셈입니다.

아마도 사람이 어려워하는 것은 말하기 자체는 아닐 것입니다. 생각해본 적도 없는 문제에 대해 갑자기 의견을 묻는다면 아무리 똑똑한 사람이라도 말문이 막히겠죠. 이렇게 툭툭 튀어나오는 그 사람의 생각은 습관에 의해 형성된 것이라고 할 수 있습니다.

제가 미니멀리즘에 대해 생각하면서 반성하게 된 점이 몇 가지 있습니다.

물건이 많을수록 풍요롭다는 가치관이 지배적인 가운데, 물건이 적은 풍요로움도 있다는 것을 알게 되었습니다. 그러다 보니 '지금 세상에서 믿어지는 가치관은 과연 사실일까?'라고 생각하는 습관이 생겼습니다.

무언가를 얻으면 무언가를 잃게 되고, 무언가를 잃으면 무언가를 얻게 된다는 것도 알게 되었습니다. 여기서 얻은 생각 습관은 '내가 가지지 않음으로써 얻게 되는 가치는 무엇일까?'라고 질문하는 것입니다. 예를 들어 이런 식입니다. 공원에서 피크닉을 하고 있는 행복해 보이는 아이와 부부를 보면 저 같은 사람도 눈부시게 보일 때가 있습니다. 하지만 다음 순간, 제가 누리고 있는 여유와 자유의 큰 가치에 대해 생각하게 됩니다.

중요한 가치를 일일이 점검하고 따져보지 않아도 자동적으로 생각이 미치게 되는 것, 사고의 습관입니다. 몇 번씩 반복해서 선택해 온 가치관은 결국 습관이 됩니다. 그렇게 되면 거의 의식적으로 판단하지 않고도 선택할 수 있게 됩니다.

작가 다카시로 츠요시는 자신의 저서들을 킨들 언리미티드(Kindle unlimted, 아마존에서 제공하는 무제한 전자책 구독 서비스 – 옮긴이)에 넣을 것이냐는 질문을 받고 이렇게 답했습니다. "새로운 쪽으로." 무언가 선택지가 있을 때는 상세하게 조사하기보다 일단 새로운 쪽을 고르는 것입니다. 예술가 오카모토 다로가 선택하는 방향도 항상 정해져 있습니다. 항상 실패할 것 같은 쪽으로, 위험하다고 생각하는 쪽을 선택합니다. 선택지를 의식해서 고민하는 것이 아니라 습관에 따라 즉시 결정합니다.

사실 사람에게는 모든 선택지를 상세하게 검토하고 어느 것이 최선인지 고르는 능력이 없습니다. 그러나 자신이 믿는 가치관으로 고른 선택지라면 결과가 어떻든 받아들일 수 있습니다. 사람이 할 수 있는 것은 자신이 고른 선택지가 최선이라고 믿는 일뿐입니다. 그래서 그것을 알고 있는 사람은 어쨌든 판단의 속도가 빨라집니다.

습관은 지금 이 순간에도
만들어지고 있다

윌리엄 제임스는 습관을 '수로를 뚫는 물'에 비유했습니다. 아무것도 없는 곳에 물을 흘려보내도 처음에는 길이 없으므로 물이 흩어질 뿐 제대로 흐르지 않습니다. 그러나 계속해서 물이 흐르고 또 흐르는 동안 길이 생기고, 그 길은 점점 깊어지고 넓어집니다. 그 물의 흐름은 신경 회로와 똑같습니다. 자극을 받아 뉴런에 전기 신호가 흐르고, 흐를 때마다 연결이 강해집니다.

'사람은 하루 종일 생각한 대로 되어간다'는 말이 있습니다. 사람은 하루에 7만 가지 생각을 한다고 하는데, 그 생각들 하나하나가 자기 안에서 반응하여 조금씩 영향을 미칩니다. 몇 번이고 반복해서 생각한 것이 그 사람의 인격을 만듭니다.

다른 사람은 물론, 신조차도 너무 바빠서 우리가 무슨 일을 하는지 보지 못할 수도 있습니다. 하지만 우리의 뇌는 지금 이 순간에도 우리가 생각하는 것과 눈으로 보고 있는 것 들에 영향을 받아 습관을 만들고 있습니다.

게으름의 고통, 노력의 고통

지성은 사물을 배제하기 위해 있는 것이 아니라 받아들이기 위해 있다.

• 영화 〈넥스트 스톱 그린위치 빌리지〉 중에서

제가 게으르고 나태하기만 했던 반년 동안, 물론 재미도 있었지만 성장하는 기쁨이나 만족감도 없이 고통스러운 시간이었습니다. 누워만 있는 사람, 일하지 않는 사람을 보고 사람들은 나태하다고 탓하기도 합니다. 그래서 궁지에 몰리면 '자기 책임'이라고 합니다. 하지만 저는 게으르고, 놀고만 있는 상태가 기쁘지도, 즐겁지도 않다는 것을 알고 있습니다. 거기에는 자기긍정감도 자기효능감도 없는, 정말 괴로운 상태입니다.

한편, 열심히 사는 사람들도 괴로워합니다. 수입이나 칭찬 등 보상은 많아 보일지도 모르지만 그 사람들의 노력에는 고통이 따르고 커뮤니티나 팔로워에게 받는 압박도 큽니다.

이치로 선수는 다시 태어나도 같은 길을 선택하겠느냐는 질문에 "절대 싫다"고 답했습니다. 여기서부터는 제 상상입니다. 계속해서 좋은 결과를 내면서 이치로 선수 정도의 수준이 되면 점차 그것이 당연하게 여겨집니다. 나이를 먹어도 뒤처지지 않는 것이 당연해집니다. '이치로 선수이니 그 정도는 할 수 있을 것이다.' 평가 자체가 최고의 수준에 이르면 얻을 수 있는 보상도 적어지지 않을까요?

감정과 의지력은 한 몸이다

의지력은 단련할 수 없습니다. 그것은 감정과 이어져 있고 어디까지나 덧없는 것이기 때문입니다. 그 증거는 일류라고 불리는 사람들의 행동을 보면 알 수 있습니다.

프로 운동선수가 마약이나 섹스 중독에 빠지거나 도핑의 유혹에 넘어가기도 합니다. 정치인이든 영화감독이든 성공한 사람들의 스캔들을 모두 기억할 것입니다. 에릭 클랩튼Eric Clapton이나 브래드 피트Brad Pitt도 알코올 중독에 빠진 적이 있고, 축구선수 지네딘 지단Zinedine Zidane의 은퇴 시합은 박치기 반칙으로 끝이 나고 말았습니다.

2018년 그래미 어워드에서 7관왕을 차지한 브루노 마스Bruno Mars는 같은 해에 4년 만에 일본 사이타마 슈퍼아레나에서 콘서트를 연 적이 있습니다. 그런데 그는 라이브 도중, 맨 앞자리에서 휴대폰으로 셀카를 찍던 관객에게 화를 내며 수건을 던져 물의를 빚었습니다. 아무리 성공했어도 당시 그는 웃고 있던 관객보다 행복하지 않았을 것입니다.

이렇듯 얼마나 성공했든지 간에 사람은 사람입니다. 그러나 사람들은 뛰어나거나 책임이 있는 위치에 있는 사람에게 24시간 내내 의지력을 요구합니다. 하지만 그럴 수 있는 사람은 지구상 어디에도 없습니다. 의지력은 감정과 연결되어 있으며 감정 없는 인간은 없기 때문입니다.

그래서 그들을 더더욱 나와 같은 한 사람의 인간으로 봐주어야 합니다. 적어도 무언가 한 가지를 실수했을 때, 그 사람이 이룬 다른 모든 것까지 부정하는 것은 이상한 일입니다. 사람은 어리석은 존재이지만 그렇기에 사랑할 만한 부분이 있기 때문입니다.

누구나 그럭저럭 행복하고
그럭저럭 불행하다

사람들과 관계를 맺고, 집중하고, 배우고, 춤을 춰도 좋다. 그러면 부산물이나 부작용으로 행복을 맛볼 수 있다. 그렇다. 행복 찾기는 적당히 즐기면서 해야 한다. 무언가를 찾는 것의 행복을.
● **영화 〈꾸뻬씨의 행복여행〉 중에서**

사람은 원하는 것을 손에 넣어도 계속 기뻐할 수 없습니다. 진화심리학자 대니얼 네틀Daniel Nettle은 이런 인간의 습성을 이렇게 비유했습니다. "딸기밭이 마음에 들어도 강 건너에 연어가 잘 잡히는 어장이 있을지 모른다고 생각한다."

살아가는 데는 딸기밭만 있어도 충분하며 새로운 도전도 하지 않는 것이 편할 텐데, 왜 사람들은 만족하지 못하는 걸까요? 생물학적인 설명은 이렇습니다. 자신이 가지고 있는 것(딸기밭)을 과대평가하면 환경이 바뀌었을 때 살아남지 못합니다. 그리고 새로운 식량을 찾아낼 수 있으면 딸기밭이 망해도 살아남을 수 있습니다. 그래서 사람은 계속해서 새로운 것을 원합니다.

지금 가진 것에 싫증내지 않고 만족할 수 있다면 인간은 행복할 것입니다. 하지만 인간의 본능은 지금 가진 것에 싫증을 내고, 새로운 것을 추구하도록 만들어져 있습니다. 그래서 언제까지나 고민하고 불안해합니다. 사람은 불안 찾기 종목의 천재이기 때문입니다. 사람은 어떤 환경에도 익숙해지고, 곧 싫증을 냅니다. 인류는 그 본능 덕분에 번영을 누렸기 때문입니다.

고민과 불안. 그것을 자신의 문제라고 여기기보다 인간의 선천적 본능으로 생각하는 편이 낫습니다. 음악가 마에노 겐타에게는 이런 제목의 곡이 있습니다. 〈고민, 불안, 최고!!〉 언제까지나 함께해야 한다면 차라리 친구가 되어버립시다.

전작을 쓰고 나서 저는 깨달았습니다. 크게 성공했지만 다음 목표가 생기고, 그다음에도 잘하고 싶은 마음이 간절합니다. 이다음도 마찬가지일 테니 스스로 만족감을 쌓아가는 수밖에 없습니다. 그리고 저는 이미 행복이 무엇인지에 대해 별로 생각하지 않게 되었습니다.

안심한 채 잠들고, 부족하지 않게 먹을 수 있으며, 마음이 맞는 친구와 사랑하는 사람이 있습니다. 그것이 채워지고 나면 사람은 어떤 상황에서도 그럭저럭 행복하고 그럭저럭 불행합니다.

괴로움이라는 동반자

괴로움은 사라지지 않을 거야. 괴로움으로 없어지는 거야.

● **아라 료칸**

저는 처음 습관 만들기를 시작했을 때, 괴로움과 즐거움에 대해 이런 식으로 오해했습니다.

- 먼저 괴로움, 그 다음에 즐거움 = 노력
- 먼저 즐거움, 그 다음에 괴로움 = 게으름

'괴로움과 즐거움이 오는 순서만 다를 뿐, 노력과 게으름은 거의 같은 행위가 아닐까?'라고 생각했습니다. 하지만 습관을 계속하다 보니 괴로움과 즐거움이 무엇인지 더욱 헷갈리게 되었습니다.

노력하는 중에는 당연히 괴로움도 찾아옵니다. 달리면 숨이 차고, 바벨을 들어 올리면 근육이 비명을 지릅니다. 그러나 그 행위가 끝나면 만족감이 찾아옵니다. 그것을 몇 번이나 반복하다 보면 지금 제가 느끼는 괴로움이 있기에 그 후에 만족감이 찾아온다는 것을 알게 됩니다.

그것을 계속 반복하다 보면 자신이 지금 느끼는 것이 괴로움인지 즐거움인지 구분할 수 없게 됩니다. 괴로움과 즐거움의 시간축이 점점 가까워져서 거의 겹쳐진 것처럼 느껴집니다. 지금 느끼는 괴로움 속에 즐거움이 동시에 나타나는 것 같은, 고락을 동시에 느끼게 됩니다.

습관을 들인다고 해서 아라 료칸의 말처럼 괴로움이 사라지는 것은 아닙니다. 그러나 괴로움이 있다는 것 자체에 익숙해져, 마치 괴로움을 '늘 있는 단골손님'처럼 생각하게 됩니다.

예전에 저는 괴로움을 가능한 한 줄이는 것이 좋다고 생각했는데, 아무래도 틀린 듯합니다. 승려 나가이 소초쿠는 불교의 수행에 대해 이렇게 말했습니다. 청소도 수행의 하나인데 '여기는 깨끗하니까 청소하지 않아도 괜찮겠지' 하는 판단을 철저하게 배제하는 일을 배우게 된다고 합니다.

"'이거 해라', '저거 해라', '네네' 하고, 생각할 틈이 없을 정도로 시키는 일을 하는 동안에는 그 자리에서 해야 할 일에만 집중하게 된다. 그럴 때는 손해인지 이득인지, 괴로움인지 즐거움인지 하는 이기적인 판단을 하는 일이 적어진다. 그렇게 손해와 이득, 괴로움과 즐거움의 차이가 없어지는 일을 '득도'라고 한다."

저는 지금까지 괴로움과 경쟁해서 이기면 그것을 웃도는 즐거움을 얻을 수 있지 않을까 생각해왔습니다. 그러나 이제는 눈앞에 있는 괴로움을 이전과는 다른 시선으로 바라보기 시작했습니다. 경쟁을 뜻하는 'compete'는 본래 라틴어로는 '함께 싸우다'라는 의미라고 합니다. 저는 지금 범죄영화 속 총격전처럼 괴로움이라는 파트너를 믿고 제 등 뒤를 맡긴 기분이 듭니다.

괴로움은 적이 아니었습니다. 그것은 함께 싸우는 동반자입니다.

달리면서 생각하고
생각하면서 달린다

저는 지금 이런 풍경을 상상합니다. 오래전부터 줄곧 마라톤을 동경해왔는데, 달리고 있는 선수들이 저와는 전혀 다른 수준이어서 '응원이나 해야겠다'고 생각하며 오랫동안 관중석에만 앉아 있었습니다.

그렇게 한 일이라고는 실제로 뛰는 게 아니라 '마라톤을 완주하는 방법' 같은 매뉴얼 책을 읽는 것뿐이었습니다. 지금 생각해보니 그때 저는 못난 모습으로 달리기 시작했다가 망신을 당할까 봐 무서웠던 것 같습니다.

그러던 저도 어느 날 용기를 내어 마라톤에 참가하기로 결심했습니다. 그래서 제가 한 것은 또다시 치밀한 준비였습니다. 대회장에서 출발 신호는 들었지만, 불안해서 신발 끈을 몇 번이나 고쳐 묶고 정성껏 스트레칭을 반복했습니다.

그러는 사이 다른 선수들은 이미 출발 지점인 트랙으로 돌아와 한 바퀴를 돌기 시작했습니다. 선수들이 거의 다 지나가고 있는 골인 지점 옆에서 저는 간신히 스타트를 끊었습니다.

시작부터 상당히 늦고 말았습니다. 제가 골인하기 전에 대회장은 이미 정리되었을지도 모릅니다. 하지만 이제야 알았습니다. 아무리 늦게 출발해도, 제시간에 골인하지 못한다고 해도, 내가 만족할 수 있다면 그것으로 충분합니다. 제가 있는 곳은 관중석도, 텔레비전 앞도 아닙니다. 지금 제가 달리고 있는 곳은 다른 선수들과 같은 트랙입니다.

괴로움이 말했습니다.

"지금부터는 더 괴로울 수도 있어. 그만둘래?"

나는 답합니다.

"아니, 누구한테 하는 말이야?"

자, 신발 끈을 묶었다면 일단 출발해볼까요?

내가 들인 마지막 습관

이 책의 집필은 매일 난항을 거듭했습니다. 난항이라고 해야 하나, 매일 좌초하고 있습니다. '매일 원고를 쓰는 습관'이 만들어지지 않았기 때문입니다. 그것은 제가 마지막으로 익힌 습관이었습니다.

다음 책의 주제를 '습관'으로 하자는 하늘의 계시가 내려온 것은 2016년 1월 7일, 오차노미즈를 향하던 전철 안이라고 일기에 적혀 있습니다. 그로부터 이 책을 쓰기까지 2년 반이 걸렸습니다. 어째서 그렇게 오래 걸렸을까요? 지금에야 그 이유를 알겠습니다.

3장에서 소개한 작가 존 업다이크의 "글을 쓰지 않는 일은 굉장히 편해서 그것에 익숙해지면 다시는 글을 못 쓰게 된다"는 말입니다.

저 역시도 바로 글을 쓰지 않는 일이 익숙해져서 '안 쓰는 것'이 습관이 된 것입니다.

그래서 습관에 대해 쓴 이 책은, 책을 쓰면서 배운 습관에 관한 지식이 없었다면 쓸 수 없었을 것입니다. 좀 이상한 이야기입니다. 내가 쓰는 내용에 가르침을 받으면서 글을 쓸 수 있게 되었다니 말이죠.

원고를 쓰는 것이 그런 식이었기 때문에 마감을 수차례 연기했고, 마감은 K점(스키의 점프 경기에서 착지 사면에 표시되어 있는 점프의 극한점)을 훌쩍 넘긴 채로, 전 편집자답게 울트라C(체조 경기에서 최고 득점 기준인 난도 C의 기술보다 어려운 동작을 도입한 최고난도 기술)를 결정하게 되었습니다.

담당 편집자인 야시로 마요이 씨의 결혼식과 신혼여행이 마감과 겹쳐서 '이건 꼭 그 전에 끝내고 기분 좋게 여행을 떠나게 해줘야지!'라고 생각했는데, 전혀 늦지 않았어요. 급박한 상황에서도 야시로 씨의 따뜻한 인품이 큰 도움이 되었습니다. 진심으로 죄송합니다. 그리고 결혼 축하드립니다.

서적 편집부의 우치다 카츠야 씨. 담당자가 아님에도 불구하고 원고를 읽어보시고 정확한 조언을 해주셨습니다. '먼저 읽어주고 피드백을 해주는' 편집자의 존재는 글쓰기에 꼭 필요한 일이라는 것을 다시 한 번 느꼈습니다. 감사합니다.

서적 편집부 편집장 아오야기 유키 씨도 저와 같은 페이퍼 신인에게 큰 배려를 해주셔서 기뻤습니다. 네, 이 책은 제가 예전에 일했던 와니북스에서 출판한 책입니다. 그래서 이 책에 참여한 멤버들의 얼굴을 볼 수 있어서 기뻤습니다. 제작부의 오츠카 토시유키 씨, 영업부의 사쿠라이 사쿠히토 씨를 비롯해 모두 수고 많으셨습니다.

'이런 책이었으면 좋겠다'고 상상했던 것 이상으로 멋진 일러스트를 그려주신 야마구치 세이코 씨, 여러 가지 표지 시안을 만들어주시고 저희의 세세한 요청에도 응해주신 디자이너 니시타루미 아츠시 씨에게도 감사드립니다.

DTP, 교정, 인쇄 관계자 여러분께도 폐를 끼쳐 드렸습니다. 제가 먼저 제대로 하지 못했네요. 맹렬하게 반성합니다. 유통, 중개, 서점 여러분도 잘 부탁드립니다. 이 책에서 언급한 모든 연구자, 크리에이터, 운동선수 들께 감사드립니다. 이 책은 제가 썼다기보다 그분들의 말을 제 마음대로 소화하고 편집해서 다시 정렬한 것입니다. 그분들의 노력에 그저 탄복할 뿐입니다. 또한 부모님께 감사드리는 마음은 신기하게도 전작을 쓸 때와 같습니다. 마시멜로 실험의 월터 미셸은 육아에 대해 이런 말을 했습니다. "부모가 과도하게 제어한 아이가 아니라 선택과 자율성을 존중받은 아이가 마시멜로 실험에서 성공하는 기술을 얻었다"고.

저는 제 자신이 의지가 약한 사람이라고 생각했지만, 제가 지금 실천하는 습관들은 결국 부모님이 키워주신 것들과 연관되어 있습니다. 제가 운동을 시작한 것은 29세 때였는데, 그것이 그 해에 돌아가신 아버지의 영향이었다는 것이 최근 떠올랐습니다. 아버지가

"너는 운동을 열심히 하고, 절제하는 생활을 해라"라고 당부하셨기 때문입니다. 그러고 보니 제가 마라톤을 하게 된 것은 마라토너였던 어머니의 영향이었습니다. 두 분께 정말 감사드립니다.

습관을 만드는 비법 중 하나는 '선언하기'입니다. 그렇게 자신에게 압박을 가합니다. 저도 다음 작품의 주제를 여기에 공표해두려고 합니다. 이 책에서도 다뤘던, 술을 끊는 일에 관해 조금 더 자세하게 쓰고자 합니다. 제목은 '즐거운 금주'가 어떨까요? 술을 마시는 것은 즐겁지만, 금주도 즐거운 일입니다. 끊고 싶지 않은 사람에게는 권하지 않을 테니 안심하세요.

전작 《나는 단순하게 살기로 했다》가 여러 나라에서 번역되었고, 해외 출판사 관계자들은 "사사키 후미오의 다음 책도 꼭 번역하고 싶다"고 말해주었습니다. 당시에는 그저 압박이라고 생각했지만 그분들과, 출간 전에 '책을 예약주문했습니다'라고 말해주신 독자 여러분들의 기대에 부응하고 싶은 마음이 없었다면 분명 책을 끝까지 쓸 수 없었을 것입니다.

저는 독신인 채 시골에 틀어박혀서 살고 있습니다. 아마 앞으로도 이렇게 살아갈 것입니다. 그렇지만 다른 사람을 위해서가 아니라면 글을 쓸 수 없습니다. 역시 사람은 사람을 위해 살아가는 것이라는 생각이 새삼 들었습니다.

사사키 후미오

마치며 341

자신과 누군가의 존엄성을 지키는 일

이 책을 쓴 뒤 영어를 공부하기 위해 유학을 가기로 했습니다. 영어에 오랫동안 두려움을 느끼고 있었는데, 그 두려움에 정면으로 맞설 때가 되었다고 생각했습니다.

　제가 머물던 곳은 필리핀 두마게티Dumaguete라는 도시입니다. 학교는 주거지와 일체화된 형태였고, 식사도 제공되었습니다. 처음 해보는 외국 생활은 모든 것이 신선했지만, 익숙했던 것은 학교의 '시간표' 구조였습니다. 아침 식사는 몇 시에 시작하고, 수업은 언제 끝나고, 저녁 식사는 몇 시부터라는 시간표를 따르는 학교생활은 저의 '어른의 시간표'와 거의 비슷했습니다.

학교 근처에 바다가 있어서 매일 일찍 일어나 아침 해를 보러 가는 습관이 생겼습니다. 해변에 사는 강아지들이 저를 기억해서 달려와 반겨주었습니다. 매일 운동할 수 있도록 헬스장과 수영장이 딸린 학교를 선택한 것도 있었습니다. 일은 취재를 받는 정도만 하고, 매일 주로 영어 공부를 하며 시간을 보냈습니다. 그런 학교생활을 반년 동안 했습니다.

학교를 졸업한 뒤에도 그곳에 머물기로 했습니다. 필리핀과 일본은 거리상으로는 매우 가까운데, 필리핀 사람들의 사고방식이나 성격, 문화는 일본 사람과 동떨어져 있어 매우 흥미로웠습니다. 그들은 항상 웃고 있고 긍정적입니다. 평소 무표정한 저도 함께 있으면 어느새 웃는 얼굴이 됩니다. 현지에서 찍은 사진을 보면 웃는 모습만 담겨 있습니다. 그곳에서 저는 눅눅했던 이불을 뜨거운 햇볕에 바짝 말리는 느낌이 들었습니다. 그리고 문화의 차이에서 배운 점과 이주하는 방법을 책으로 엮어 내고 싶다는 생각이 들었습니다.

마땅히 이용할 만한 도서관이 없었기 때문에 작업 장소로 삼은 곳은 바닷가의 어느 카페였습니다. 매일 그곳에 갔습니다. 언제나 달걀프라이가 올라간 스팸 덮밥과 아이스커피, 혹은 망고셰이크를 주문했습니다. 제가 똑같은 것을 주문할 때마다 카페 직원은 웃음을 터뜨렸습니다. 이렇게 첫 외국 생활에서도 저는 습관을 크게 바꾸지 않고 유지할 수 있었습니다.

코로나 바이러스와 습관

그런 제 습관이 크게 흔들린 것은 역시 코로나 바이러스의 여파였습니다. 세금 신고를 위해 필리핀에서 일본으로 귀국한 사이에 필리핀 정부의 대응이 빨라지면서 순식간에 필리핀으로 돌아갈 수 없게 되었습니다. 어쩔 수 없이 놓고 온 짐은 필리핀 친구에게 맡기고 고향 가가와현에서 어머니와 함께 지내기로 했습니다.

어머니는 제가 본가에 돌아가기 전에는 밤늦게까지 텔레비전을 보고, 아침에도 느긋하게 일어나는 생활을 하고 계셨습니다. 누군가가 아직 자고 있는데 아침 일찍 일어나 부산을 떠는 것도 처음에는 내키지 않았습니다. 하지만 아침에 생생한 머리를 사용하지 않으면 결국 원고도 쓸 수 없음을 알고 있기 때문에 지금도 일찍 일어나는 습관은 유지 중입니다. 제가 더 빨리 일어나기 때문에 아침밥을 만드는 것은 제 몫이 되었습니다. 어머니는 아침에 자명종 소리에 일어나 저와 함께 아침을 먹는 일이 불편하실 수도 있었습니다. 그래도 잠자리에 드는 시간이 상당히 앞당겨지는 모습을 보면서 건강에 도움이 되는 생활이 아닐까 싶어 내심 흐뭇했습니다.

본가는 오래되고 넓어서 손을 봐야 할 곳이 많았습니다. 정원과 밭도 있습니다. 그래서 오전 중에 2시간 동안 수리, 밭일, 잡초 뽑기 등의 집안일을 하기로 했습니다. 코로나 확진자가 많을 때는 자제했지만, 오후에는 평소와 마찬가지로 카페에 가서 일을 했습니다. 어머니는 기저질환이 있어 혹시라도 코로나에 감염되면 안 되겠다 싶어 헬스장에 가는 것도 잠시 중단했습니다. 강변을 따라 달리는 습관만큼은 계속했습니다.

또다시 습관의 도움을 받다

그런 식으로 못하게 된 습관도 있었지만, 코로나 상황에서도 습관에 도움을 받은 경우가 자주 있었습니다. 일단 정말 좋았던 것은 술을 끊은 일입니다. 술을 끊은 지는 벌써 6년째가 되었습니다. "마시고 싶지 않아?"라는 말을 아직도 듣지만, 이제는 술맛을 상상하기 어렵고 전혀 마시고 싶지 않습니다. 집에서 지내는 시간이 길어지면서 음주량이 늘어난 사람이 많다고 하니, 저도 아직까지 술을 마시고 있었다면 외출하지 못하는 울분을 술로 풀었을 것입니다.

명상이나 달리기처럼 아무것도 없이 혼자 지낼 수 있는 방법을 터득했던 것도 좋았습니다. 집에서 거의 나갈 수 없는 끔찍한 상황이 닥쳐도 그저 명상을 하고 지내면 된다고 생각한 것은 제게 부적 같은 존재였습니다. 평상시 그렇게 좋아하던 여행을 떠나 신선한 자극을 찾지 못할 때, 달리기를 하면서 밟는 흙과 잡초의 감촉, 사계절의 변화가 마음을 달래주었습니다.

그러나 이렇게 오랫동안 습관을 마주해도 습관은 자꾸 깨집니다.

습관을 지키고 나면 자기긍정감을 느낄 수 있고 의지력이 생기는 것을 알면서도, 오늘은 아무것도 하고 싶지 않은 날도 분명 있습니다. 역시 의지력은 단련되지도 않고 약한 상태 그대로입니다. 지금도 저는 습관이 무너져서 계속 다시 세우는 것에 변함이 없고, 그 태도 역시 습관이라는 생각에도 변함이 없습니다.

어깨에 들어간 힘을 빼다

내면에도 변화가 있었습니다. 이 책은 제가 프리랜서가 된 후 처음 쓴 책입니다. 훌륭한 책을 쓰는 존경하는 사람들과 어깨를 나란히 하고 제가 만족할 만한 책을 계속 쓰려면 그동안 빈둥거리며 게을러진 자세를 고치고 매일 꾸준히 무언가를 해야 합니다. 지금까지는 그렇게 어깨에 힘이 들어간 상태였다는 생각이 듭니다. 요즘은 힘도 많이 빠지고 있는데 그런 자신도 인정해주려는 마음이 생겼습니다. 미니멀리스트로 신경을 곤두세우고 물건을 줄여나간 생활을 실천하고 난 뒤에 훨씬 편안해진 것과 비슷할 수도 있습니다. 한번 엄격하게 습관을 만든 경험을 통해서 원리 원칙을 배운 것입니다.

제가 어떤 변명을 하는 사람인지, 어떻게 하면 의지력이 생기는지, 저에 대해 자세히 알게 되었습니다. 그 정도까지 되었으면 조금 느슨해지는 것도 좋습니다. 문화인류학자 데이비드 그레이버David

Graeber는 "우리는 지금 '삶'이라는 사치를 누리지 못하고 있다"고 말했습니다. 지금은 요가 교실 1시간, 넷플릭스 2시간, 쇼핑 30분 등 여가 시간마저 세부적으로 나누었습니다. 그에 비해 친구와 카페에서 하루 종일 정치에 관해 이야기하거나 밤늦게까지 연애 상담을 받는 것은 굉장히 시간이 걸리고 쓸데없는 일일 수도 있지만, 사치스러운 '삶'이기도 합니다. 저는 이제 그런 '삶'도 즐기려고 합니다. 아침 일찍 일어나는 것은 변함없이 지키고 싶지만, 가끔은 밤늦게까지 인생 상담을 받고 다음 날 늦잠을 자는 것도 나쁘지 않습니다.

어떻게 사람을 긍정하는가

지금 저의 관심은 '어떻게 사람을 긍정할 것인가?'라는 문제로 옮겨 가고 있습니다.

어떤 습관을 달성하면 자기긍정감이 생깁니다. 그 자기긍정감이 의지력으로 이어지기 때문에 다음 습관도 달성하기 쉬워집니다. 이 점은 지금도 매일 실감하는 부분입니다.

그렇게 무언가를 달성한 것을 긍정적으로 바라보는 태도는 제 안에 들어 있는 동안에는 괜찮습니다. 그러나 그 기준으로 다른 사람을 바라보면 문제가 생깁니다. 그 사람이 할 수 있는 것, 이룬 것으로 사람을 판단하면 해내지 못한 사람은 깎아내리게 됩니다. 아이(제 경우는 조카)와 마주하고 있으면 그런 생각이 저에게 스며들어 있음을 알 수 있습니다. 무언가를 해낸 보상으로 칭찬하거나 선물을 주지만, 해내지 못하면 보상을 뺏고 싶어집니다.

중요한 것은 조건이 아니라
존재 자체다

아이를 대할 때 중요한 것은 어떤 일의 보상으로 애정을 더 주거나, 해내지 못한 벌로 애정을 덜어내는 것이 아니라는 점입니다. 그보다는 과정을 칭찬하고 아이가 관심을 보이는 대상에 주목해주는 것이 중요하다고 합니다. 그렇게 해서 조건이 아니라 당신의 존재 자체가 중요하다는 메시지를 전달합니다.

노인을 대할 때도 마찬가지입니다. 사람은 나이가 들면서 전에는 할 수 있었던 일을 점점 하지 못하게 되기 때문에 능력으로 사람을 판단하면 마지막에는 누구도 긍정받지 못하는 존재가 될 수밖에 없습니다.

이때 참고할 만한 것이 '휴머니튜드Humanitude'라는 간병 방법입니다. 이 방법에서는 보기, 말하기, 만지기 같은 기본적인 일을 중시합니다. 상대방의 눈을 제대로 봐주는 일, 말을 거는 일, 어깨나 등을 부드럽게 천천히 만지는 일 등입니다. 그렇게 해서 상대방이 어떤 상태든 간에 상대방을 소중하게 생각하고 있다는 메시지를 전달합니다. 그러면 치매 같은 증상이 크게 개선된다고 합니다. 이것은 할 수 있는 것, 능력으로 사람을 재단하는 것과 정반대입니다.

핀란드에서 생긴 '오픈 다이얼로그Open Dialogue'라는 치료 요법도 마찬가지입니다. 환자와 그 가족, 치료자가 그저 함께 어울려 환자의 망상이나 인지 왜곡도 함부로 부정하지 않고 이야기를 들어줍니다. 필요하다면 매일 계속합니다. 그러면 정신분열증 등 정신질환에 다른 치료와 비교해도 유의미하게 효과가 있다고 합니다.

진정으로 필요한 것은 바라봐주는 것, 그저 귀를 기울여주는 것입니다. 어린이와 노인 사이에 있는 어른에게도, 병이 없는 사람과 병에 걸린 사람 사이에 있는 보통 사람들에게도 원래 필요한 것입니다. 무엇을 해냈는지가 아니라 존재 자체를 인정받는 것입니다. 그래야 존엄성이 지켜지고, 성장과 건강 상태에 긍정적으로 작용합니다.

습관으로 말하자면, 달성했을 때만이 아니라 실패했을 때도 자신을 긍정해주어야 합니다. 자신에게 그렇게 할 수 있다면 다른 사람도 더 긍정할 수 있고, 존엄성을 지킬 수 있을지도 모릅니다. 요즘은 그런 생각을 자주 합니다.

사사키 후미오

참고문헌

Walter Mischel, 《The Marshmallow Test》, Bantam Press, 2014.

Gregory Berns, 《Satisfaction》, Henry Holt and Co., 2005.

데이비드 이글먼 지음, 김승욱 옮김, 《무의식은 어떻게 나를 설계하는가》, 알에이치코리아, 2024.

國分功一郎, 《中動態の世界 意志と責任の考古学》, 医学書院, 2017.

조너선 하이트 지음, 왕수민 옮김, 《조너선 하이트의 바른 행복》, 부키, 2022.

메이슨 커리 지음, 강주헌 옮김, 《리추얼》, 책읽는수요일, 2014.

대니얼 네틀 지음, 김상우 옮김, 《행복의 심리학》, 와이즈북, 2019.

대니얼 길버트 지음, 서은국, 최인철, 김미정 옮김, 《행복에 걸려 비틀거리다》, 김영사, 2006.

로이 F. 바우마이스터, 존 티어니 지음, 이덕임 옮김, 《의지력의 재발견》, 에코리브르, 2012.

앤절라 더크워스 지음, 김미정 옮김, 《그릿》, 비즈니스북스, 2022.

켈리 맥고니걸 지음, 신예경 옮김, 《왜 나는 항상 결심만 할까》, 알키, 2012.

Ian Ayres, 《Carrots and Sticks》, Bantam, 2010.

찰스 두히그 지음, 강주헌 옮김, 《습관의 힘》, 갤리온, 2012.

그레첸 루빈 지음, 유혜인 옮김, 《나는 오늘부터 달라지기로 결심했습니다》, 비즈니스북스, 2016.

스티븐 기즈 지음, 구세희 옮김, 《습관의 재발견》, 비즈니스북스, 2014.

Robin Sharma, 《Who Will Cry When You Die?》, HarperCollins Publishers, 1999.

윌리엄 제임스 지음, 정양은 옮김, 《심리학의 원리》, 아카넷, 2005.

池谷裕二, 《脳と心のしくみ》, 新星出版社, 2015.

池谷裕二, 《脳はなにかと言い譯する》, 祥伝社, 2006.

이케가야 유지 지음, 이규원 옮김, 《단순한 뇌, 복잡한 나》, 은행나무, 2012.

池谷裕二, 《脳には妙なクセがある》, 扶桑社, 2012.

絲井重里, 池谷裕二, 《海馬》, 新潮社, 2005.

《脳力のしくみ》, ニュートンプレス, 2014.

Tom Jackson, 《The Brain: An Illustrated History of Neuroscience》, Shelter Harbor Press, 2015.

스티븐 킹 지음, 김진준 옮김, 《유혹하는 글쓰기》, 김영사, 2017.

安藤寿康, 《遺伝子の不都合な真実―すべての能力は遺伝である》, 筑摩書房, 2012.

小出義雄, 《マラソンは毎日走っても完走できない》, KADOKAWA, 2009.

무라카미 하루키 지음, 임홍빈 옮김, 《달리기를 말할 때 내가 하고 싶은 이야기》, 문학사상, 2009.

가쿠타 미츠요 지음, 이지수 옮김, 《어느새 운동할 나이가 되었네요》, 인디고, 2018.

梅原 大吾, 《勝ち続ける意志力》, 小学館, 2012.

小西 慶三, 《イチローの流儀》, 新潮社, 2009.

후쿠오카 마사노부 지음, 최성현 옮김, 《짚 한 오라기의 혁명》, 녹색평론사, 2011.

Robert Schwartz, 《Diets Don't Work》, Columbus Books Ltd., 1986.

유메마쿠라 바쿠 원작, 다니구치 지로 지음, 홍구희 옮김, 《신들의 봉우리》, 문학동네, 2023.

吉本浩二, 宮崎克, 《ブラックジャック創作秘話-手塚治虫の仕事場から-》, 秋田書店, 2011.

遠藤 浩輝, 《オールラウンダー廻》, 講談社, 2009.

<考える人 2010年 08月号>, 新潮社, 2010.

<PRESIDENT 2016年 2月 15日号>, プレジデント社, 2016.

<ナショナル ジオグラフィック日本版　2017年 9月号>, ナショナルジオグラフィック編集部, 2017.

<新潮 2018年 04月号>, 新潮社, 2018.

AERA編集部, <AERA 2018年 3/26号>, 朝日新聞出版, 2018.

나는 습관을 조금 바꾸기로 했다 개정증보판

2019년 2월 11일 초판 1쇄 | 2024년 1월 4일 62쇄 발행
2025년 3월 26일 개정증보판 1쇄 발행

지은이 사사키 후미오 **옮긴이** 정지영
펴낸이 이원주

책임편집 박인애 **디자인** 윤민지
기획개발실 강소라, 김유경, 강동욱, 류지혜, 조아라, 최연서, 고정용, 이채은
마케팅실 양근모, 권금숙, 양봉호, 이도경 **온라인홍보팀** 신하은, 현나래, 최혜빈
디자인실 진미나, 정은예 **디지털콘텐츠팀** 최은정 **해외기획팀** 우정민, 배혜림, 정혜인
경영지원실 강신우, 김현우, 이윤재 **제작팀** 이진영
펴낸곳 (주)쌤앤파커스 **출판신고** 2006년 9월 25일 제406-2006-000210호
주소 서울시 마포구 월드컵북로 396 누리꿈스퀘어 비즈니스타워 18층
전화 02-6712-9800 **팩스** 02-6712-9810 **이메일** info@smpk.kr

© 사사키 후미오(저작권자와 맺은 특약에 따라 검인을 생략합니다)
ISBN 979-11-94246-90-9 (03190)

쌤앤파커스(Sam&Parkers)는 독자 여러분의 책에 관한 아이디어와 원고 투고를 설레는 마음으로 기다리고 있습니다. 책으로 엮기를 원하는 아이디어가 있으신 분은 이메일 book@smpk.kr로 간단한 개요와 취지, 연락처 등을 보내주세요. 머뭇거리지 말고 문을 두드리세요. 길이 열립니다.